癸巳赏荣

中国华侨出版社

图书在版编目（CIP）数据

癸巳赏柴 / 南辛著 . —北京：中国华侨出版社，2014.3
ISBN 978-7-5113-4506-6

Ⅰ.①癸… Ⅱ.①南… Ⅲ.①瓷器（考古）－研究－
中国－后周 Ⅳ.① K876.34

中国版本图书馆 CIP 数据核字 (2014) 第 049808 号

癸巳赏柴

著　　者 / 南　辛
出 版 人 / 方　鸣
责任编辑 / 高福庆　王　嘉
装帧设计 / 贾惠茹
经　　销 / 新华书店
开　　本 /787 mm×1092 mm 1/16 印张 / 9
印　　刷 / 天津海顺印业包装有限公司
版　　次 /2014 年 3 月第 1 版　2014 年 3 月第 1 次印刷
书　　号 /ISBN 978-7-5113-4506-6
定　　价 /39.00 元

中国华侨出版社　北京市朝阳区静安里 26 号通成达大厦 3 层　　邮编：100028
法律顾问：陈鹰律师事务所
发行部：（010）82069015　　传真：（010）82069000
网　址：www.oveaschin.com
E-mail：oveaschin@sina.com

如发现图书质量有问题，可联系调换。

癸 | 巳 | 赏 | 柴

藏寶

故宫博物院李辉柄

中国考古学会理事李辉柄先生赐墨

学海无边明月乐宝重
现身奋力梯迷雾南
辛年一人

书赠南辛山之生

敢峰

"中国好教育·烛光奖"获得者敢峰先生书赠墨宝以示鞭策

与著名文物鉴定专家孙学海先生在一起

与中国收藏家协会理事朱震老师（已故）合影

与许明博士在杭州合影

与北京长城青瓷博物馆馆长阳光居士合影

与敢峰先生交流时留影

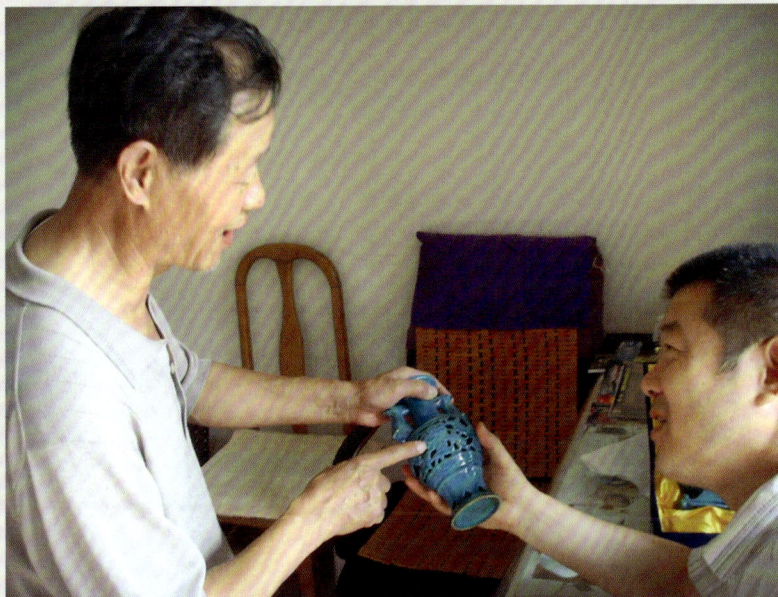

与雨辰斋主人谢先生交流时留影

天津五洲元通实业有限公司董事长张云龙先生

武汉杨氏紫玉金砂壶店主人杨斌先生

夫妻俩 2008 年参加首届郑州柴窑研讨会时留影

首届中国收藏文化开封论坛期间作者向该市博物馆捐赠收藏品

序 言

　　瓷海生明月，柴窑器——中国古代的瓷皇在民间鉴藏者的探索研究中，正在揭开神秘的面纱，破云而出，逐渐显露出了她的真容和迷人风采。

　　我第一次见到柴窑器是在2011年。那是一件鲜碧色（天青）双层镂雕菊花尊。哎呀，真是一见情深、摄人心魂啊！当时即兴写了四句诗："天镜纸磬名天下，历经风雨更娇娆，迷失千年谁敢识，不谓柴窑也柴窑"。好在我也搞过半个世纪收藏，对此道多少懂得一点，特别是我相信自己的哲理："至美真之巅"（艺术品尤其是这样）。对于不明和难辨之物，首重优与劣，真假暂搁置，于是决意"权收我室中，他年待天日"。科学之魂与魅力，首在探索和判断，然后接受实践检验，即使错了，失败了，也比坐等吃现成饭好。孰知这时墙外已是"红杏"闹枝头了。去年有幸偶读《南辛赏柴》，不但把我引进了柴天，大开眼界，而且得知柴友们之"郑州雅集"和网上交流已数载矣，心向往之，感到揭开柴窑之谜可能为期不远了。书中所陈所论，有据有识，不必全对，我皆欣赏。近日又读续作《癸巳赏柴（稿样）》，作者从古瓷玩友在唐大明宫遗址寻觅到的古瓷片追柴器之源及唐，进而又发现和识别了一批初唐时期的柴器，经过比较和综合研究提出"柴唐式"说，从而形成了柴唐式、柴周式、柴宋式的柴瓷系列。对其"最大的心愿，是在有生之年将系列收藏捐赠给博物馆，向公众展示祖先灿烂的柴瓷文化"的志向，更是深表钦佩。我兴味盎然地看了书中的陈述和实物图片后，不禁掩卷深思，心情久久不能平静。这是一批可敬的民间柴瓷鉴藏和研究工作者有关地面上柴瓷遗存器物的联合考古啊！它已远远超越了收藏者的个人爱好，而有一种炽热的使命感在胸中燃烧。这正是他们工作的最大价值所在。从书中可以看出，他们不仅在民间苦苦寻觅疑似器物及其踪影，而且以实器和调查为立论的基础，在探索和研究中把历史学、民族学、民俗学、美学、陶瓷鉴定学和有关历史文献都综合运用起来了，广征博引，奋拨疑云，在山重水复处屡现柳暗花明，读来引人入胜，这真是难能可贵啊！该书在其研究成果的表现形式上采取了一事一题一议，图文对照的连缀式写法，集腋成裘，串珠成链，生动活泼，雅俗皆宜，可以说是一本独具特色和充满生机的

笔记体学术著作。同时，他们对市场上露头的伪器非常警觉，屡作调查，进行分析，鉴真和辨伪并举，始终保持清醒头脑。关于仿制问题，我也赞同南辛的看法，仿制可补真品之稀缺，并且可与真品相媲美，制仿者不乏能人，但要以混同真品骗人为耻。公开标明是仿，勇立天地间，何必沦为偷偷溜着墙角跑的"老鼠"？倘能同时参加真品的研究，那就更好了。

还要特别提出的是，在治学上，如南辛先生等勤奋好学，思路开阔，目光敏锐，进取而严谨，大胆设想而又多方求证，求索意识强烈而又手勤腿勤脑勤，遇问题追究到底务求水落石出，相关知识渊博而又善于运用，尊重事实和真知灼见而不迷信权威，携手共进、集思广益而不互相封锁，并根据新的发现不断校正原来的看法。真是新风扑面，令人欣沐其中。谁说民间无人才？"人才遍于草野，英雄起于激流"，自古皆然，今天又在民间鉴藏潮中遇见，诚幸事也。

现在可能有一个较多的怀疑：过去长期不见踪影的柴窑瓷器，怎么这几年一下子都显现出来了，这可能吗？我以为，这也要解放思想。由于各种原因，在历史上曾经多年失踪的柴窑器，实际上并没有全部毁灭掉，有的深藏民间，有的散落社会无人识，有的埋在地下，在当今盛世大搞基础建设和空前的收藏热兴起之时重见天日，这本身就是符合逻辑的必然现象。当然，现在还是进行时，一是向这些可敬的民间探索者祝福，二是希望古瓷专业研究者同民间探索者携手共进，三是期盼考古工作者的新发现。长风破浪正其时，在实现伟大民族复兴的"中国梦"中，中国历史上的瓷皇也到了现身于世，一展风流的时候了。

专业工作者和民间鉴藏研究者，本是两兄妹。哥哥更应多关照和帮助妹妹。不过，有时也会轮到妹妹真情和急切地呼唤哥哥："哥哥，你大胆地往前走！"

应南辛先生嘱托作序，所写聊表心声，奋敲边鼓，为探索柴窑的志士们壮行，祝你们成功！

敢峰

2013 年 10 月

目　录

目　录

柴唐式

赏析

◎ "柴周式"一语,始见于乾隆皇帝《咏汝窑瓷枕》诗中,有"汝州建青窑,珍学柴周式"之句,由此便衍生出了"柴三式",暨柴唐式、柴周式和柴宋式之统称。

尊前青眼开新篇

　　本书百余节可划分四部分，依次排列了柴唐式、柴周式、柴宋式和综合篇。"柴周式"一语，始见于乾隆皇帝《咏汝窑瓷枕》诗中，有"汝州建青窑，珍学柴周式"之句，由此便衍生出了"柴三式"（暨柴唐式、柴周式和柴宋式之统称）。笔者以为，"柴三式"的提出，对于柴窑的历史文化作了阶段性划分，是近年来群众性鉴藏考古的新成果。鉴藏考古，作为与文献考古、田野考古相并称的新名词，其所蕴含的内容之广泛深入，俨然成为了自新中国成立（尤其是改革开放）以来，不可小觑的考古新方向。鉴藏考古一语，还将会在其后的表述中被反复提及，对其究竟该如何下定义，交由文物理论界的学者去拾掇吧。

　　尊，这里系指柴窑的代称。本篇赏析将侧重于初唐时分的柴窑作品上，柴唐式不同于先前阐述过的柴周式和柴宋式，由于缺乏历史文献记载，对其探索难度较之五代后周时期的柴窑还要大一些。或许有鉴于其特殊性，亦反倒容易被分辨和单列成为系列。以此作为先期物证，有助于扫清笼罩于柴窑上空的疑云迷雾，有助于廓清其史实真相。余将采用图文并茂的赏析方式，持续引领人们一同踏入追溯、揭开柴窑历史文化密码的探寻之旅。

　　青眼，在此单指作者对于"柴三式"的珍爱与器重，与俗称的"白眼"相对称。

　　本书所包含的段落内容，曾经于2012年8月至11月间，在两岸博物网民间国宝论坛、中国文物网文博论坛以及中藏网瓷器论坛上，以【尊前青眼·赏柴系列帖】作为标题先期发表过。在广泛征询意见之后略作修改调整，保留先前的行文特色，以记录此段考证轨迹。

大明宫内响惊雷

　　有"古陶瓷达人"者，曾经去到唐大明宫遗址寻觅过古陶瓷碎片，据他后来在新浪博客发布的记实性报导中声称："其中最特殊的就是天青釉镂空瓷片，笔者从特征和采集地点确定为柴窑瓷片。希望与专家、学者、爱好者共同探讨——该瓷片胎极薄1毫米左右，釉如天青蓝，有细小开片，釉面光亮，玻璃感强。釉中气泡如大中小稀疏分布，胎土黄白，从全国各地瓷友收藏的标本中，很难找出一块能与五代柴窑特征相符的实物，因此我愿与专家、学者同好，讨论这块似柴窑标本。该标本其薄度与同时期各窑标本的胎相比薄如纸是恰如其分的，日本学者

也曾提出高丽瓷说，但所列举的实物远远没有达到青如天，薄如纸，只有本藏主这块青如天，薄如纸，才算得上有说服力的。"

　　这篇发表于 2010 年 11 月 12 日的网文，引起过一位叫"天师钟馗"藏友的关注，他在【华夏收藏网】曾经发过倡议帖，在无人跟帖的情形下如同泥牛入海一般杳无音信了。当本藏主有幸进入古陶瓷达人博客中浏览时，面对眼前的这枚"天青釉镂空瓷片"有一似曾相识的感觉，遂将先前入藏的一件柴窑镂空人物纹方瓶拿出对照，忍俊不禁的事情果真就这样发生了：瓷片居然与方瓶中右下一角完美地"对接"（如图）。随后给此位瓷友在线留言，同时还期待着对方通过电子邮箱取得联系，进而寻求国家公证将此次发现记录在案。遗憾的是迄今尚未得到信息反馈。

　　有感兴趣者，不妨进入"古陶瓷达人"网址浏览：http://blog.sina.com.cn/gtcjyc

一声叹息一举杯

据说，唐大明宫遗址考古调查工作从 20 世纪 50 年代开始，迄今已走过半个世纪的历程了。

据说，由中国科学院考古研究所组成工作队，外加西安博物院、大明宫遗址保管所、陕西历史博物馆等多家文博单位的协同配合。

据说，从 1957 年 3 月起，对唐大明宫遗址开展全面考古调查，在普遍勘探的基础上重点发掘了麟德殿、含元殿、玄武门、制重玄门、银汉门、右银台门等单体建筑遗址。

据说，50 年间的考古工作成果丰硕。

据说，随着田野考古报告的不断发布，"大明宫研究"已经成为一大学术热点。

据说，历年来唐大明宫遗址出土了大量的文物标本。

据说是《西安晚报》曾经于 2009 年 8 月刊载题为《西安出土古瓷是否柴窑瓷 》的新闻报导，记者刻意引用了故宫博物院专家耿宝昌的话讲：破解柴窑，不但是震惊中国，而且是震惊世界！意义重大而深远！

没有据说，系属事实：一位迈入不惑之年的中年，2010 年国庆前在参加完西安举行的全国非公经济论坛会后，前往唐大明宫遗址考古考察，功夫不负有心人，得来真不费功夫，有幸寻觅到了 8 枚唐代瓷片，其中最重要的发现，就数这个"青如天，薄如纸"的柴窑了。

收藏鉴赏界中热衷于高古陶瓷的朋友们，想必免不了会为此而长吁短叹的了：

——唉哟喂，考古队劳作半世纪，未冒"柴烟"，莫道干活专为稻粱谋！

——唉哟哟，玩家仔休闲小半日，已闻"雷鸣"，皆由志在有心讨瓷趣！

龙首塬

柴窑起源于唐代的物證被收藏界同仁發現處

草根们的鉴藏考古成果，时下还难以得到国家文管部门的认可，但也不会消弥其光环。因为举世皆知，莱特兄弟当年从事飞机研发，不也是从山寨版开始起步的么？作为共和国的一名普通公民，余感觉似有必要向大明宫国家遗址公园发起倡议：在核实清楚相关事实的前提下，于此处设立一座碑记，以记载唐代柴窑碎片在大明宫遗址被人所发现，这一理当被视为文物考古和鉴藏界共同引为纪念的重要事件。

见微知著觅知音

　　仅仅通过在唐大明宫遗址上所发现的一小枚瓷片，真的就能够推断出其出于唐代，又有何依据将其判定为是柴窑作品呢？怎么才能认定它不是由后人刻意埋伏下的"地雷"？面对着将会产生的这些个疑惑，余之回复既干脆、又利落：首先是要真诚地相信并尊重人民群众的首创精神；其次对于上述疑问，通过一定努力都是可以寻找到答案的！

　　宋·苏洵《辨奸论》有"惟天下之静者乃能见微而知著"一句，意思是说当见到事情苗头出现时，就能深刻地察知其实质以及发展趋势的了。典型案例见之于《韩非子·说林上》："……见微以知著，见端以知末，故见象箸而怖，知天下不足也。"所描述的是商时代有一位叫箕子的臣子，当他看到纣王开始拿起象牙筷子吃饭时便心生怖畏，接下来所发生的事情，果真应证了箕子的判断。藉此史实本藏主想要强调，既然考古界仅靠依据"元谋人"的两颗门齿化石，来作为中华大地上很早就有人类的佐证。那么，这一枚唐代柴窑碎片的发现，理当该如法平等对待的了。

　　这里不妨身临其境地设想，古陶瓷达人在有限时段内寻觅到了八枚瓷片，为何要将其中的七枚判自于唐代，惟独将那一枚胎薄镜明的瓷片，生硬地拉扯到五代后周去下定论呢？大约是耽于柴窑当"出自于柴世宗当政时期"的思维定式的缘故咯。有人不免会说，现在连有无柴窑都尚未弄清白，居然又冒出了什么唐柴来，到底有没有搞错？！朋友甭太性急，当你耐心地阅读完相关的论述，想必会要开始明白了。事实上，有一条相对完整的证据链就隐匿其中，只须具备相应的信息整合能力，并不难以觉察到它们之间的逻辑联系。假使到了本章论述终结，你仍无法理解亦属正常。民间早就流传有"人与人不同，花有千样红"的习语，祈愿各自的鉴赏收藏行旅潇洒，玩的开心也就是了。

赏柴告慰先驱灵

　　陈万里先生是国内公认的泰斗级人物，也是中国田野考古的先驱。由其所著的《瓷器与浙江》、《中国青瓷史略》两书及几十篇考古与研究鉴定论文，提高了一代陶瓷学人的研究和鉴定水平。《中国青瓷史略》曾有一节述及柴窑，由于柴窑在当时是一个尚待解决之谜，以至于先生认为"越瓷自唐而五代，可以说是盛极一时的，越窑曾烧造过进贡李唐的秘色瓷器，也烧造过钱氏沿袭唐制而进贡于唐于晋的秘色瓷器。那么所谓柴窑的'雨过天青'，是在钱氏称霸东南时，在越州所烧造的一种看法，显然是很可能的。"代表了先生当年的学术倾向。谈及柴窑名称的由来时，他阐述过以下观点："因为周世宗姓柴，又因为这窑是烧制'雨过天青'的御窑，所以称为柴窑。这个说法，有人表示怀疑，并不是说统治阶级的姓可贵，不允许以此姓名窑，而是说在实际上这是一种史无前例的杜撰。因为周世宗在位仅有五年（945～949），这五年正是群雄割据、逐鹿中原的混乱时期，在郑州创建御窑是大成问题的。"这里的"有人"怀疑，或许当指先生本人。接下来，他仍秉持博学者虚怀若谷的襟怀补录道："总之，所谓'青如天、明如镜、薄如纸、声如磬'的柴窑作品，其实物真相如何，烧造地点究在何处，尚需作进一步的研究。至于图籍上有时所称道的几件柴窑的作品，都是不足为据的。"（指由其完成的中国第一部田野考察报告《瓷器与浙江》）

　　鉴藏考古已然表明，柴窑曾于初唐时被征为进御贡器，并非系由周世宗在位时创建。一系列柴唐式被发现的事实，间接地证明陈老先生理论思辩的严谨合理。假如老前辈至今尚还健在，当他看到有这么些"柴三式"得到民间鉴藏家的举证，看到遍布神州的草根们对于柴窑历史文化的探索如此执着，相信他会感到快慰的。时逢先生诞辰120周年之纪念，燃一柱心香告慰其在天之灵！

1892 年 - 1969 年

陈 万 里 铜 像

未成供奉事有因

　　难免有人要提起一个话题：如果说柴窑创制于大唐且曾贵为宫廷御器，那么为何先前见光的、地处陕西省扶风县法门寺的"地宫物帐碑文"上没有提及它呢？换句话说，它为何没有同秘色瓷器一道，纳入到唐懿宗供奉佛祖指骨舍利的诸珍宝系列中来呢？

　　这或许是由两方面的历史原因所促成：首先，越窑作为中国最古老的瓷器窑场之一，其早期生产甚至可以追溯至东汉，伴随着时光流逝和需求量的增加，越瓷的胎质更加细腻，釉色更加清纯具有玉质感，与北方邢窑一道形成了"南青北白"的鼎盛局面。见之于歌咏吟诵的唐人诗章有不少，如顾况、陆羽、孟郊、施肩吾、许浑、皮日休、郑谷、徐寅、韩偓和陆龟蒙等皆存著述。因此，秘色越瓷被纳入供养佛陀舍利的诸珍宝中乃归属于情理之中。其次，柴窑瓷器本属于方域性物产，大唐初始时虽已贵为贡器，但它的烧制历史远不如越瓷悠久，属于"陶成先得贡吾君"的御瓷新锐，尚未达到为朝野一致所推崇的地步。而真正让柴窑瓷器声名显赫且荣登瓷皇宝座，那是在后周柴世宗执政的显德年间得到了"雨过天青"色釉瓷之后才最终实现的。待到76岁高龄的清高宗乾隆皇帝丁未御题《官窑小瓶》，发出"宋时秘色四称名，不及柴窑一片瑛"的感叹时，那已然成为了跨越了时空一千年的后话了。

　　根据上述逻辑推断，柴唐式未能在法门寺地宫的供奉法物中现身，亦就不足为奇了。

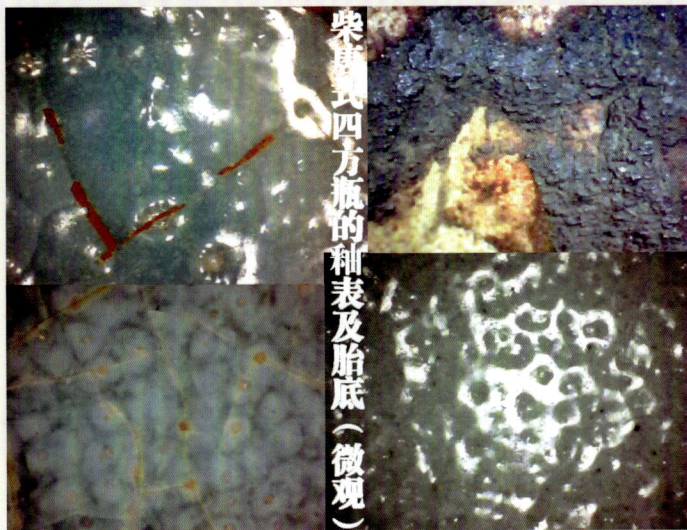

柴唐式四方瓶的釉表及胎底（微观）

此大周非彼大周

    在柴唐式的胎底显现"大周"、"大洲"款识，委实让人感到有些诧异。故专事营销古玩艺术品的瓷庄老板，往往将此类仿品贯以后周柴窑的名义向市场销售，以为它们系属于仿周世宗的柴窑制器。对于没有深入研究过柴窑的人而言，这是很容易要犯的错。

    经过深入考察与研判，余推定此类作品的诞生年代其实是在大唐武周王朝（690～705年）。作此初步结论，主要基于对本藏主所收储的几十件真、赝柴唐式的赏析，现将其中关键点昭示见下：第一、与柴唐式同时"见光"的，另有一批光彩照人的铜鎏金器物，上面多带有"大唐贞观"字样；第二、器物底款"大周"的书写方式，与后周柴窑明显不同；第三、器物底部带有"柴"、"大周"、"尚食局"、"尚食局制"等款识，尤其是尚食局类款识，从未在柴周式上呈现过；第四、柴唐式以及金属器皿的古器征貌凸显，可以确认它们实际存有悠久的历史；第五、每一件柴唐式的造型及纹饰，都充斥着盛唐气息，时代特征极其鲜明；第六、此批早期制器的釉表发色，远没有后来的后周柴窑那么抢眼，后者大多带有鲜碧色（孔雀蓝带黑斑）装饰釉表。但从另一视角来鉴赏，由于柴唐式作品出生早，同时未见文献记载，因此它们更为时下有眼光的藏家们所珍视。

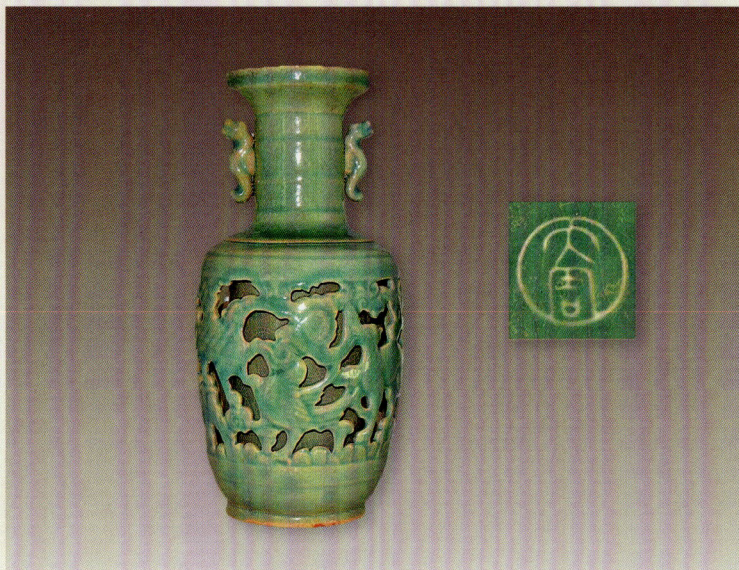

大鹏展翅武则天

　　眼前这件器物，圆形侈口、细长颈、撇底足，釉色呈橄榄绿，颈部塑一道弦纹，器壁中央镂空雕饰了一只张开翎羽的大鹏金翅鸟（形似陕西扶风法门寺塔基地宫门额线刻朱雀），周遭云气缭绕，气势不凡，靠近足底刻划有仰莲瓣纹。尤以对称性回望螭龙作为拎耳，给造型增添了几分俏皮。大鹏金翅鸟，为古印度神话中之巨鸟，以龙为食。在佛教界，它被称作由慈悲金刚手菩萨化现，是智慧高超之忿怒本尊，供养大鹏金翅鸟，可消一切违缘，恶疾不染，诸障净除。令吾们倍加关注的是，器物足底竟然显现"大周"款识。综合考量，其为古瓷出自大唐武周时代提供了有说服力的佐证。

　　民间流传有一种说法，称武则天是大鹏金翅鸟的化身，金翅鸟以龙为食，武则天曾经吃掉过三只公龙和一只母龙（隐喻三名皇子加一位公主）！唐载初元年（690年）九月九日，她废黜唐睿宗李旦称帝，袭用周朝国号改国号为周，定都神都（洛阳），改元天授，称圣神皇帝，史称武周。武则天统治大唐朝长达半个世纪，上承"贞观之治"，下启"开元盛世"，顺应历史潮流，大刀阔斧实施改革。因此在其执政的半个世纪中政绩辉煌，国威大振。据此，主攻隋唐史及古代妇女史的中央民族大学蒙曼副教授，曾将武则天比作大唐盛世的标志性人物。因为唐太宗时代国力不济，无论上下的日子都过得比较清苦；而后来的唐玄宗的明君作为有始无终，大唐一朝由盛而衰。武则天的历史功过，恰如她给自己立下的那块"无字碑"一样，任由后人去评说咯。

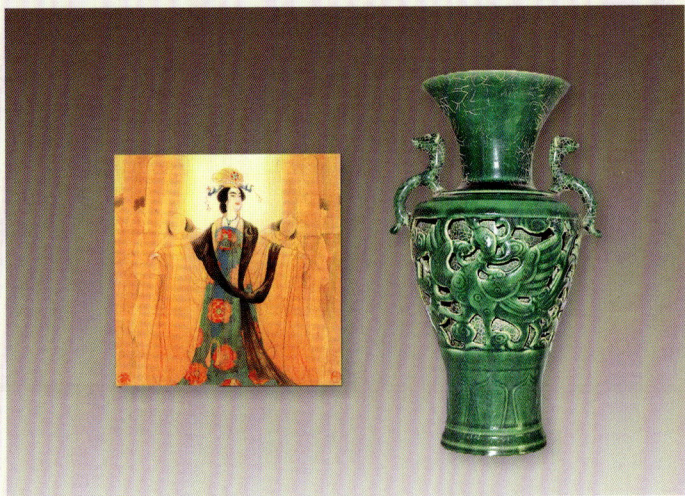

慈氏化被四大洲

在柴唐式的器底显现"大洲"款识，究竟是出自"大周"的误称，还是一生崇信佛教的武则天，曾经将其治下的大周王朝，想象比喻成为佛国里的四大洲呢？

武则天以女身称帝之举，是中国政治上前所未有的创举。为了证明她至高无上地位的合理性，极需寻找理论上的依据。在儒、道两家都不能提供支持的情况下，她只能指望佛教释门了。而大乘经典《宝雨经》中，正有女身受记为转轮王成佛之说，正中武则天下怀。故在称帝前她创新出"曌"字，标谤自身乃合日月阴阳于一体，以与同一日月照临须弥山的佛家理念相合拍。作为宇宙中心的须弥山，其周遭除了有七重香海与金山外，还有铁围山合围的咸海四大陆，亦即东毗提诃洲、南赡部洲、西瞿陀尼洲、北拘卢洲，统称四大部洲，或称四天下。武则天在帝位15年，相继沿用过四个尊号，即金轮圣神皇帝、越古金轮圣神皇帝、慈氏越古金轮圣神皇帝、天册金轮圣神皇帝。夫轮王者，将即大位，随福所感，有大轮宝浮空来应。感有金、银、铜、铁之异，境乃四、三、二、一之差。金轮王乃化被四天下，银轮王则政隔北拘卢，铜轮王除北拘卢及西瞿陀尼，铁轮王则惟赡部洲。慈氏是弥勒的意译，武则天被说成是男身菩萨弥勒下凡，变现女身来当中国国君的。上述尊号，彰显出此岸世界和彼岸世界两个权威的合璧。在此不妨拓展一下想象力，当年法门寺出土的佛指舍利，既有灵骨亦有影骨，赵朴老曾经赞曰："影骨非一亦非异，了如一月映三江。"盛装舍利的容器亦辉煌之至，系由包括金银铜铁在内精工巧作的众宝器所组成。灵骨加上影骨共计四枚，会否与化被四天下之隐喻相关联呢？

镂空纹饰龟兹韵

据王仁裕在《开元天宝遗事》中所透露："内库有青瓷酒杯，纹如乱丝，其薄如纸，以酒注之，温温然有气相次如沸汤，名自暖杯。"由此不难表明，在唐玄宗开元天宝时候（713～755年），宫中已经使用薄胎青瓷了。只是青瓷归属于何种窑口，未见作具体说明。

本藏主所收藏的柴唐式镂空舞蹈人物纹六方杯，带有"方框柴"款识，六面皆有镂空装饰，除去有三面镂雕了连带枝蔓的葡萄纹饰作为间隔外，其余三面则分别镂雕有吹竖笛、弹琵琶以及抖摆纱带的龟兹舞女形象。根据唐史的记载，当年西域各民族，多有与中原地区的经济文化交流，这些裙裾飞扬，披纱缚带，长辫随舞飘逸的舞蹈动作，正好与《唐书·音乐志》中所记载的"龟兹柘枝舞"相映衬。想当年，龟兹古国地处丝绸之路的交通要冲，扼守着丝绸之路北道中段咽喉，连接着东西方之贸易，是古印度、希腊 — 罗马、波斯、汉唐四大文明的交汇之处。显庆三年（公元658年），唐将安西都护府迁至龟兹都城，下设龟兹、于阗、焉耆、疏勒四镇，龟兹一时成为了唐朝统治西域的中心。长寿元年（692年），已经69岁的武则天再次派出王孝杰率军收复安西四镇，在龟兹国恢复设置了安西都护府。并遣军常驻，从而结束了唐蕃在西域反复争夺的局面。

下图所展现的此件器物，是否就是唐玄宗天宝年间，待酒注入后有热气升腾"名自暖杯"者呢？尽管无法最后确定，但却通过镂雕的舞蹈纹饰内涵以及方域性物产的艺术呈现，将此段流光溢彩的辉煌历史重新还原于世人面前，让吾等有幸经历了奇妙的精神之旅！

西子去时遗笑靥

　　古玩市场上，一对手可擒握的柴唐式"鼻烟壶"引发了余的购藏兴致。吸鼻烟的习俗，源自烟草发明者印第安人，意大利人大约在14世纪才学会选用烟叶，掺入薄荷、冰片等药材碾成粉，密封入窖陈化数年后而生产出商业化的鼻烟。如此说来，身处七至九世纪的唐朝，是不可能有吸鼻烟习俗了，那么，这类物品当年作何用途的呢？

　　观察其浮雕纹饰，但见瓶面上出现了两位女子：一个头顶毡帽，手持绢扇，象似有一定身份的贵妇，正站在那儿颐指气使；另有一名显得清纯的丫环，脸廓浑圆，听从摆布在侍弄一盆花卉盆景。值得考究的是，两位女子的发型均带有唐式高髻式特征。

　　唐朝花间派词人韦庄的《叹落花》中有一句："西子去时遗笑靥，谢娥行处落金钿。"不了解唐代女性化妆术的人们或许会奇怪，他怎么会灵光一闪想出这么个奇特的比喻来。其实，诗人并不是单指女性双颊上的靥涡，而是指一种人造的、贴在女性脸上的"假靥"。从文献记载中得知，唐代的女性使用花钿与今天粘贴邮票差不多，即在其背面刷上特制的胶液，然后把它粘贴到脸上去，当人一活动起来，或是面部表情发生变化时，那贴上去的花钿会不经意间从面庞上、鬓发上脱落下来。如果你有幸越界去到唐代，真的会在女性逗留过的地方，不时看到

杭 菊

象杨花柳絮一般的花钿随风飘坠。其实哩，妇女在脸上点画装饰，早在春秋战国就已经兴起了，长沙出土的楚国女俑脸上就带有圆点的图案，只是到了有唐一代，妇女们往脸上粘贴金箔花钿已然成了市井时尚。

回到设定的话题上来，或许答案已经明了：眼前这一对家什儿，原是唐代妇女们随身携带的、用来盛装特制胶液的小瓶子呵！除去盛装化妆用胶液以外，或许还有其它的用途。恰如阳光居士友情提示的：烟壶这种造型器物，在没有鼻烟之前的各个历史时期均有，只不过其用途有别于鼻烟，最常见的有如药类专用、胭脂类专用等。（图中釉表微观恰似杭菊）

祥瑞习俗涤烦浊

唐代瑞兽题材众多，有金翅鸟、天禄、翼马、鸵鸟、鸿雁、獬豸、犀、羊、虎、狮等，其形象皆壮丽雄健且蕴藏神采。从带有"大周"款识的柴唐式六方壶上，可以依次观赏到鸿雁、天禄和驯鹿的镂空图案，壶盖上栖有一只长嘴凤鸟便利拿捏，蜿蜒起伏的龙身作为壶鋬，龙头从对角冒出恰成一注水之流。古人比喻龙为皇、凤为后，该龙凤壶构思精妙，式样别致，唐代执壶所通具的大肚短流特征十分抢眼。

根据先前积累的经验，此壶限350cc茶水，比王老吉容量稍许多一些，恐怕这对于古时唐人来说，只配作为士大夫阶层去享用了。唐代人所喝的茶饼，是将嫩叶采集下来后蒸烂，捣成泥状，用器皿压实成块，然后风干备用。临煮茶时须将茶块敲下、碾碎，再放到器皿中烹煮，与现代的沸泡法不同，如果没有小半日功夫，还真就喝不上口哩。可见当年唐人的请茶仪式，称得上是讲究礼仪、享有规格的礼遇了。

不由得回想起早些年赏玩紫砂壶的日子，曾经一度对于老壶上所镌刻的雅句格外着迷，如："小石冷泉留早味，紫泥新品泛春华"，"石根泉，蒙顶叶；漱齿鲜，涤尘热"之类，这些壶铭看上去既切壶切形，又切着切茶，使用了历史典故，对仗亦工整，配之具有晋唐风格的刀笔书法、落款与壶浑然一体，让人由衷地感到妙趣横生，韵味无穷。今乃乘兴画瓢，对此壶略作一二赏析："灵瑞吉祥伴君侧，六方瓷壶清烦渴"；亦可题作："祥瑞符，多面帖；欲暖腹，迎贵客。"

顶礼膜拜阿育塔

此件携带有"尚食局"款识的柴唐式阿育王塔，其塑造风格迥异于其它唐代柴器，它可以被拆分成为上下两个部分，若是分开单独观赏，上半部颇有些近似山西晋城青莲寺的隋代无影塔，而作为塔基的部分，则更有地处福建仙游天中万寿塔的范式。

塔斗塔基座周遭有四棱角，它们分别塑有鸟嘴人形的迦楼罗柱像，在朝上翘起的飞檐的两侧，刻划着大鹏金翅鸟的纹饰图案。根据迦楼罗系梵语音译，佛教文化中的大鹏金翅鸟，作为护法天龙八部之一常伴随于佛祖。故在塔基座四面居中位置镂空雕有"如来讲经"人物故事纹饰，但见头饰螺髻的如来佛饱满俊朗，肩披袈裟结跏趺坐于莲台之上，左手置于膝上，右手作说法印，环周为众多佛门弟子所匝绕。

唐代佛塔的组合式构造，人们尚可在不久前南京大报恩寺面世的鎏金七宝阿育王塔上寻觅到一些踪影。它的真实用途或可分作两说：一是作为宗教礼仪圣物被置于台前，供信徒瞻仰礼拜；另一种可能性是用来盛放舍利子（佛教界对于灵骨、遗身的指称）的。阿育王塔历经千余年的岁月风尘，依然带着佛教的悲悯与智慧，俯瞰着名利尘中芸芸众生。从古到今，该有多少人类的虔诚寄托并沉淀在类似的佛塔之上了呵！

三星高照唐柴尊

走进天津君阅轩主人的古玩陈列室里，一对柴唐式福禄尊佳藏映入眼帘。此尊不仅镂空结构独特，开光处均可见呈浮雕状的人物造型，器物形制端庄，人物表情生动。尤其是镂空皮壳

癸 | 巳 | 赏 | 柴

中兼具内悬式吊胆，是为柴周式的同构器皿开了艺装之先河。此外，迎面开光的两侧边框处，带有唐代铜镜流行风格的松鼠葡萄纹饰的镂空雕饰亦清晰可见。

　　鉴于友人对将其判定成为唐代柴窑稍有不解，遂作解释说明：看这一件的釉色，还有人物衣纹装饰的表达技法，不是可与西安唐大明宫遗址所发现的唐柴四方瓶划入同一类型么。大凡出于同时代的器物，必然带有足以让人分辨的特定风格，拿它与其它年代的物品相比照时显得格格不入。如同吾国公民目前所使用的第二代身份证，它所采用的材质以及其规矩格式等，均与第一代身份证迥然有别，此即所谓时代特征者。

　　仔细观赏此件柴唐式四方尊器物，它的内壁上共塑造了两组人物：一对老年夫妻停留于桃树下，满面春风的老汉手摇羽扇拂髯站立，老妪则手提果篮与之对话；另有一名少年，随着老人所手指方向，擒握着柱杖向树上作攀援摘桃状。老少仁人欢声笑语，其乐融融。古人喻摘桃为祝寿，如果与瓶颈部位剔空的福、禄二字汇聚拢来，福、禄、寿的祈福主题昭然若揭。祥瑞文化，它根植于源远流长的传统民族习俗，在中华文化的背景下，福、禄、寿"三星高照"的形象格外抢眼，以至于代代相传，绵延不绝。

三教争衡存摹本

　　在本藏主新浪博客"考证后周柴窑"中，至今保存有一篇名为"权倾朝野父与子"的鉴藏札记，囿于余偏狭的鉴赏认知，曾经误将一件柴唐式判定为宋柴。有鉴于瓷友达人在唐大明宫遗址上发现了柴唐式碎片，姑且另起炉灶，试作一番新的诠释。

　　首先从服装说起。隋唐时期，中国服饰最明显的特点就是双轨制。在平时，唐代的常服其实是胡服（即鲜卑装）系统，只是到了祭祀时分，才会改穿汉传服饰。在唐代画家阎立本的传世作品《步辇图卷》中，描写唐太宗接见吐蕃使者时，两人均戴着那种裹幞头的帽子。据悉，当年唐代男子均以幞头袍衫为尚。幞头又称袱头，是在汉魏幅巾基础上形成的一种首服，幞头的两脚有过一些变化，到了五代，已由原来的软脚改变成左右各一的硬脚。而吾们在器物画面上看到的俩人均头顶软幞头，应为有唐一朝官员常服的示现咯。

　　再来观察一下人物的动态，老迈者手持笏板，腆着将军肚，右手象似在比划着什么；年轻官员手持一元宝，微笑着作出回应。他们象是在酌商、抑或争论着什么事情。遥想大唐时分，三教鼎足并行不废，对社会思潮产生过深刻影响。当时学术思潮的一大特点就是"三教争衡"，儒、释、道竞相发展自己的思想，吸引信仰民众，并争取政治统治者的支持，主要表现为与信仰地位孰为先后的争论，从武德七年开始一直到咸通十一年，经常由朝廷主持这样的讨论，几乎漫延有唐一代。柴唐式四方侈口瓶上所刻划的人物形象，恰好成了此一思想文化领域论争的历史见证！

牡丹花开动京城

　　本人藏有一件模制成形的镂空人物纹壶，口径 4.5 厘米、通高 21 厘米，体呈扁圆形，器身两面开光，模印基础上加以镂雕，突显出当年赏花得魁庆赏的吉庆场面。据卖方介绍说，这件柴唐式真品，系由他本人先前"拾荒"于陕西渭南的一庄户人的家中。这些走南闯北、见多识广的古玩商贩，亦为今人鉴赏与收藏柴瓷作出了不可磨灭的奉献。

　　中魁者满面春风，颇有如今奥林匹克运动员登上竞技奖台拿得金银大奖的范儿，只见他一手托举起花钵，一手伸展作欢呼状；另一位着相同服饰者，则双手擎捧着花瓶尾随其后，相伴而行。猜测所谓中魁者，主要系指由他们所擎握的盆景花卉者也。两腿夹腹骑坐于狮背鞍桥之上的得冠者，头戴一顶类似西方万圣节魔术师那样的"云帽"。扁壶的两侧，相向塑一双高冠曲颈的凤鸟，修长的尾翼透迤而下。扁壶下部半浮雕状的双鹿，于奔跑之际相互顾盼，与人物主题纹饰的动态神情呼应默契。

　　花朝节由来已久，最早在春秋《陶朱公书》中就有记载。国人欣赏花，不仅欣赏花的颜色与姿容，更欣赏花中所蕴含着的人格寓意和精神力量。如孔夫子之"兰当为王者香"，陶渊明之"采菊东篱"，林靖和之"疏影横斜"，周敦颐之"出污泥而不染"，苏东坡之"只恐夜深花睡去，故烧高烛照红妆"等。素有国色天香之称的牡丹，契合了唐朝人的审美心理，故被誉为"万花之王"。"花开花落二十日，一城之人皆若狂"、"唯有牡丹真国色，花开时节动京城"等脍炙人口的诗句相互映衬，以写实的笔墨，生动描绘了盛唐时节人们倾城观赏牡丹花的盛况。

南柯一梦淳于棼

　　一件柴唐式人物镂空瓶，目前被安放于龙禧博物馆中，这家博物馆坐落于珠海最美丽的风景线——情侣南路上。据本藏主所知，此为国内对社会公众开放且含有柴瓷作品的首批私立博物馆之一。令人感到有些许遗憾的是，眼下主人将这具唐代柴窑器物判定为五代时期所制作。根据该馆的解说词，此瓶所镂空描绘的内容源于寓言故事——南柯一梦。

　　相传有一位叫淳于棼的，因为喝醉了酒，便躺在庭院里的槐树下做起梦来。在梦里，他成了槐安国的乘龙快婿，升任郡太守后把南柯治理得秩序井然，儿女们渐次长大成人，儿子被朝廷封了爵位，女儿出嫁于王侯之家。接下来不幸接踵而至，先是檀萝国攻了南柯郡，淳军兵败，其妻又因重病辞世，紧接着京城里有人打小报告，国王忿怒之下将他驱逐出境。一离开槐安国，淳于棼就从睡梦中苏醒。他发现面前有数不清的蚂蚁来来往往，由泥土堆砌成的宫殿城池维妙维肖，此时方才省悟：原来梦中的槐安国，其实就是这蚂蚁窝呵！

　　此故事让人联想起公元七世纪的大唐，经过贞观之治之后，社会安定，经济发展，政通人和、疆域辽阔，睦邻友好，诚为中华民族悠久历史中的灿烂华章。时至今日，吾海外华族仍被尊称之为"唐人"。淳于棼的"南柯一梦"早已消弥而去，而新时代中华民族的伟大复兴，有如一轮朝日正磅薄兴起于世界东方，为世人所瞩目！本藏主偶然在西安大唐西市的一家古玩铺面的橱窗里，看到有接近一平方米见方的唐三彩陶壁画板，只见居中的一位臣子骑伏于盘龙身上，侧旁还有官人正在宣读圣旨。金榜题名、青云直上之意境呼之欲出，从骑龙者神态及装束看上去，与人物镂空瓶上的纹饰如出一辙，交相辉映。

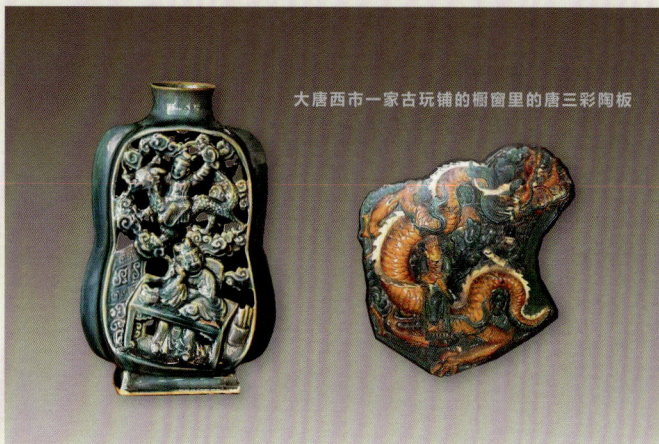

大唐西市一家古玩铺的橱窗里的唐三彩陶板

胡腾胡旋靡长安

　　隋唐时期的西域文化，包括宗教、服饰、饮食、绘画、歌舞、音乐及乐器等一起传入长安。单纯就音乐而言，就有龟兹乐、天竺乐、疏勒乐、安国乐等分法，乐器舞蹈也随之而流行。

　　仔细观赏此件镂空乐伎人物奁，目光自然要被装饰图案上一些发型迥异的胡人所牵引。难怪当年唐人刘言史的《王中丞宅夜观胡腾》中有诗云："石国胡儿人见少，蹲舞尊前急如鸟。"被称为大历才子的李端，著有一首《胡腾儿》诗赋："环行急蹴皆应节，反手叉腰如却月。"当年，从西域传来的胡腾舞出自石国（今乌兹别克斯坦等地），又有胡旋舞出自康国（今乌兹别克、塔吉克、吉尔吉斯斯坦等地），唐代大诗人白居易在《新乐府·胡旋女》中有过描述："胡旋女，出康居。弦歌一声双袖举，回雪飘飘转蓬舞。左旋右转不知疲，千匝万周无已时。"现已88岁高龄的王弘力先生，曾为《古代风俗百图八十九》赋诗一首："西域歌舞名胡旋，传入宫掖靡长安。吹奏何必琼林宴，市间到处闻管弦。"

　　陶瓷艺术作为唐代文化的一只奇葩，必然会对唐帝国的时代风貌有所折射，当吾辈面对着这件载有"尚食局制"款识的藏器佳品，联想到吾国政府新一届领导人正与西亚各国发展战略伙伴关系，签订资源开发协议，加强经贸往来，重拾丝绸之路辉煌，不由得会使人心潮澎湃、浮想联翩！

净瓶有图注经典

　　净瓶原是佛家用器，后来被泛称军持。见之于《大唐西域记卷四》中有记：密教之梵天像四面四臂，右手持莲花、数珠，左手执军持，作唵字印，乘七鹅车，戴发髻冠。后来演变成为行军作战使用的水壶，唐朝诗人徐氏所作《和题丹景山至德寺》中有"军持无水注寒碧，兰若有花开晚红。武士尽排青嶂下，内人皆在讲筵中"，所描述似是行军途中的场景。

　　眼前这件柴唐式净瓶，吸引人的地方不单纯是它带有的"尚食局"款识，还在其外壁镂空两面开光处，均能清晰地窥视到内胆上的浅浮雕人物画面：一名庄稼汉正忙着在地里收割，近处有一稚童在向其挥手，敢情是孩儿娘传话让其歇晌用膳了。另一幅画面则更有意思了，只见一名谦恭男子手上拿拎个包袱从一边走来，手持绢扇的年轻女子漫不经心地扭头给予着回应。赏析至此，耳边竟悄然回响起流行于湘鄂西的那首土家族情歌《黄四姐》来了……

　　先贤曾经在《家庭、私有制和国家的起源》序言中有过一段精辟论述："历史中的决定性因素，归根结底是直接生活的生产和再生产。但是，生产本身又有两种。一方面是生活资料即食物、衣服、住房以及为此所需的工具的生产；另一方面是人类自身的生产，即种的繁衍。"早于恩格斯近千年，由唐代柴窑的陶工们所精心制作的图案场景，已经对上述两种社会生产活动，赋予了简约形象的艺术概括和出神入化的写实诠释。怎能不令吾等为之所折服哩？！

海曲古韵收藏

五福临门最堪称

　　在此件柴唐式洗口瓶上，它所镂空雕饰的人物无一例外地全是持拐杖、擎葫芦的神仙。这位神仙就是为人所熟知的、被列为八仙之首的铁拐李。相传八仙中的铁拐李，属于年代最久和资历最深者。关于他的诞生时代说法不一，有说是隋朝时期人，亦有说他是唐玄宗时代人，《列仙全传》里还说他曾与李老君交往，那就是春秋战国时的人了。有一本《历代神仙通鉴》更将他叙述成为曾在炎黄之前当过人王的远古之神。

　　另有一种传说更具生活化：说是铁拐李早年因偷邻舍的灯油未成，担惊受怕而远走他乡，在外四处游历访道终至脱离躯壳而成仙。其妻含辛茹苦，养子成人。其子科考出仕的大婚之日，铁拐李下凡来探视，但见深宅大院门庭若市，俄闻笙乐聒耳。其妻衣着鲜亮，然奔忙于庭院待以宾客。铁拐李叹息不止，遂变铁拐为笔于壁上题诗曰："三十晚上偷灯油，钢刀斩了木人头。儿孙自有儿孙福，谁给儿孙做马牛！"题讫，乃执拐离去，其妻追至河边嚎啕不已……

　　"铁拐李的葫芦——不知里面装的是什么药"，成了人们探寻答案时，常挂在嘴边的一句口头禅。然而，葫芦者乃福禄也，若要完整地诠释此件挂满了葫芦的陶瓷器皿，须将镂雕的、圆塑于瓶颈两侧的葫芦加总作一计算，其所蕴含的"五福临门"的真切旨意，益昭然若揭焉。

唐柴花瓶亦风情

人们通常把早期的花觚描述为"尊",它是仿青铜器造型的一种陈设用瓷。随着瓷器烧造技术的不断提高,瓷器的造型更加丰富,很多陈设用瓷开始有了实用功能。花觚除了陈设之外,还多用于插花,布置厅堂。花觚的造型隽秀,古朴典雅,端庄大方,线条变化丰富。有一传统的说法,陶瓷花觚始于元代,主要流行于明嘉靖、万历至清乾隆这一段时期。在此需要追问一句:作为瓷器的花觚,果真起始于元代么?恐有所不然喽。

在这里作出展示的柴唐式镂空人物纹百合花瓶,目前展示于两岸博物网站由"海曲古韵"所创建的在线博物馆中。相对于花觚的程式化构造——上呈喇叭口,中间鼓腹,下部以凤尾收官来讲,它的创新表现在其百合花式盘口,再加上圈足、细腰及肥臀,一件代表了初唐艺术成就及审美标准的美人瓶,就夺人眼球地呈现在了吾们眼前。

仔细观察其器壁,似较之柴周式略显厚实些,理应会要经久耐用些个。由此看来,柴窑当初并非刻意地想要想让自身成为"蛋壳瓷"的,只是在特定的时代,迎合上层社会的偏好,才开始向观赏性功用方面产生位移。这种被驾驭、驱使下所导致的审美异化,从初唐时开始起步,在五代后周时达到了其颠峰状态,若隐若现地饱食了长达四百余年的人间烟火,于北宋末年终于结束了柴窑的宿命,使之走向了中华陶瓷文化的神圣祭坛!

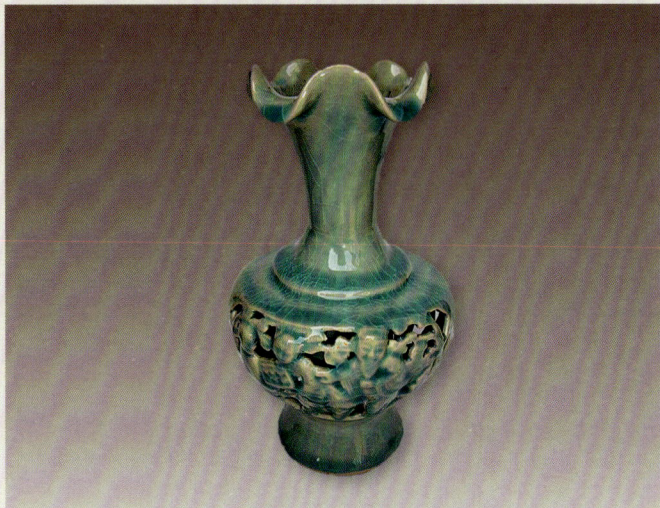

叶公好龙有渊源

　　此件柴唐式人物故事纹赏瓶的器身纹饰，可分作两部分描述，上半部是带凤鸟耳、镂空人物故事纹饰的洗口瓶，下端则为象征五福临门镂雕纹饰的瓶座，上下一体构成，既庄重又典雅。柴窑作坊的工匠师傅巧妙地将寓言故事——叶公好龙作为图案纹饰处理，装帧镂刻于器物之上，完美地传递出唐人的睿智、诙谐的生活情趣。

　　"叶公好龙"这一成语，出自西汉著名经学家、散文家刘向所编《新序·杂事》，讲的是春秋时有一位楚国贵族，封于叶（古邑名，今河南叶县）。叶公爱龙成癖，家里到处都画着龙。天上的龙知道了便下降到叶公家里。叶公一看是真龙，吓得转身就跑，好像掉了魂似的。根据当代史学家的考证，叶公沈诸梁名子高者，实际上是一位颇有建树的能人，他曾经组织民众修筑了中国现存最早的水利工程——东陂、西陂遗址，使当地数十万亩农田得以灌溉，比李冰父子修都江堰还要提早了两百多年。

　　寓言故事采用生动的比喻，辛辣地讽刺了叶公只唱高调、不务实际的作风。其实，在古文物鉴藏界，叶公一类的人物代不乏人，在雅昌高古瓷论坛尤为集中，其突出特点是务虚成分大大地高过务实，收藏兴趣仅仅局限于通过网络去做生意赚钱，你会经常看见他站在哪儿象似当评论家地论说个不停，甚至还有人出言不逊，终其结果却连一件象样的真东西也都拿不上台面来。当今的叶公们，莫如向春秋时的沈诸梁前辈见贤思齐的会要好一些！

唐代柴薰起紫烟

　　柴窑是吾国烧造历史最早的瓷窑之一，由三彩转型后渐入青瓷系范畴。尽管其窑址至今尚未寻找得到，但已有物证显示，将来在黄淮以北的中原地区，如郑、开城市周边，或是在晋、豫、陕交界的区域内被发现的希望还是存在的。

　　自初唐至北宋末的 400 余年，为柴窑烧造的存续时期，其工艺水平一度处于陶瓷界领军地位，备受朝野上下的一致推崇。釉表发色淡雅的柴唐式器皿别具风格。从唐代晚期延至五代后周，开始扬弃初唐时以贴塑为主的陶装，而改为大量采用刻花、划花、镂雕、贴塑等表现手法，尤其是以镂空作为装饰基调，纹饰多取材于宗教神仙、寓言故事以及自然界动植物形象。

　　焚香与烹茶、插花、挂画并列为四艺，成为古代文人雅士的重要生活内容。香炉有盖有孔的是香薰炉，无盖香炉则多用于焚香祭礼，一些巴掌大小的多供人作为把玩品。此件柴唐式薰炉，炉腿为象鼻支撑，底座高约 4 厘米，炉体上下结合。炉盖为一盉式造型，炉身分为两层，上层四面镂空了作为四象之一的朱雀，下层镂空了由抽象的阴阳鱼组成的太极图形，并以浅浮雕围栏予以匀称分隔。观其式样，与唐代越窑作品——褐彩如意云纹薰炉相类，若是在其间燃上一柱龙脑香或苏木香，紫烟袅袅，没准儿还会让人联想起太上老君的炼丹炉来。

灵异瑞兽吉祥天

　　唐朝流传下来的香炉以石炉为主，金属类器物少有传世发现，瓷质的则因年代久远、不易保存，也就更少了。图片中似乎用作把玩的柴唐式香炉，与上海龙华寺香炉在造型上颇有一些近似。龙华寺香炉产生于哪个时代？余秋雨先生曾经审慎地作出过表述："……我们可以接受一般传说中的说法，龙华塔由三国时代的孙权建于公元247年；谨慎一点，考察现存的塔砖和塔基，只是公元977年（北宋年间）的遗物。"于是联想到类似炉式的造型，当以唐代的概率偏大一些。

　　柴唐式圆殿式香炉，上方形似唐睿宗垂拱四年（公元688年）建成于洛阳宫城内那种带圆盖加亭子结构，即号称"万象神宫"的武则天明堂，在筒形外壁上还对称性地镂雕着麒麟吐火图，只见它圆睁双睛，张开阔口，昂首引颈作长啸状，从嘴中喷出一团团的火焰来，充斥着南北朝帝王陵前神兽石雕的那种豪迈与雄健。下方则为一冲天耳式香炉构造。

　　在吾国古代，曾把龙、凤、龟和麒麟合称"四灵"。传说中的麒麟系属于上天神物，它集龙头、鹿角、狮眼、虎背、熊腰、蛇鳞、马蹄、牛尾于一身，时常充当着神灵的座骑而出现，是古人眼中的灵异仁兽。成年麒麟主聪慧、祥瑞，通法术具神通，能够自如地变大变小，可以像龙一样地御空飞行，当其发怒时，声音如雷，浑身上下布满了火焰。在传统艺术宝库中，火麒麟是历代喜闻乐见的装饰纹样。仪态万方的神灵瑞兽，不但集成了自然界动物美，而且还通过理想化的形式美表现，给世人献上符瑞美好的祝福。

玉璧香奁揸到今

　　此件柴唐式玉璧图纹奁，下有三力士蹲身作扛鼎状，上有狻猊张口出香，主题纹饰侧重镂空了几块玉璧，玉璧之间以勾连纹作穿插连缀，藉以彰显其高贵典雅的品格。

　　奁是古代盛梳妆品的匣子，唐人李商隐《骄儿诗》中有"凝走弄香奁，拔脱金屈戌"一句，说是有一个淘气的孩童在摆动妆奁盒时，把连接盒盖的活叶上的轴给拆下来了。眼前的这件瓷奁，却不便于去附设机关之类，果真有淘气的儿童来摆弄它，首当其冲损坏的会是盒盖，接下来可能就要连累香奁本身了，即使它特地采用了复合式结构，仍无法改变其易碎属性。需要提及的是，从此件玉璧图纹奁的构型上看，与柴周式狩猎人物奁之间，隐含着某种承续性。倒过来予以揣测，判定其为唐式构造，也就不能算作是盲目罢。在此聊效古人试作宫怨小品：当年笋芽弄香奁，柳眼带愁不见散；寂寞蕙宫岁月凝，花心飙恨揸到今……

　　此件器物历经千余年而完整地保存至今，不能不说是自然界的传奇了。张贴于此，以便吸引更多鉴藏家的关注，祈盼珍藏有同类器的人士，热忱献图举证，相互切磋。正如"又一轩"版主所指出的：展示的目的是要证明……民间有佳藏，民间收藏是一支不可忽视的力量。不管你的、我的、还是他的，都是咱们中华民族的！下图为唐柴奁与周柴奁相比较。

一重情怀一类仙

由藏友所提供的柴唐式高胫觚型赏瓶，六面"开光"中以水波鱼纹作为分隔图案，同时有药王菩萨、子孙娘娘和刘海儿发三位福祇闪亮登场，他们分明就是执掌着人类生命、生育和生计的三位道教大神，可以被视作唐人对于民生质量的归纳与概括。

药王菩萨取材于唐代杰出道医孙思邈，生于隋朝建立之初、享年101岁的孙真人是陕西省耀县人，据称他擅长医学、阴阳、推拿，为人看病济世活人，后被尊称为药王菩萨。真人修行隐居于充满神秘的终南山，有《千金要方》、《摄生论》等医著传世。当然，也有可能系指赤足裸腹，披兽皮，围叶裳，负竹篓，举灵芝于山石间，冒着中毒危险尝试各种药草的功效，为解救因瘟疫而受苦的人而献出自己宝贵生命的中华药祖——神农氏。

子孙娘娘，乃系掌管生育之神，每年农历的三月二十就是子孙娘娘的圣诞。"多子多福，子孙满堂"是中国人传统的文化心态，为了祈求子嗣，众多的送子神仙便应运而生。送子神仙名目繁多，一般称之为子孙娘娘、送子观音。台湾地区则称呼其为注生娘娘，注生娘娘的原型是为福建临水的陈夫人，又有顺懿夫人、大奶夫人和靖姑等多种称谓，临水夫人生于唐哀帝天佑二年（767年）间，世传其事多有灵异，故而深受海峡两岸民众的尊崇与爱戴，供奉她为救产、护胎和佑民之神。

故里位于"道教祖庭"陕西户县的唐代仙童刘海儿发，也被安插上了民间传奇的翅膀，广泛流传于世的"刘海戏金蟾"源于一段爱情神话，仁慈善良的刘海儿发把巧姑龙女从凶蟒口中解救了出来，使得龙女萌生了爱慕之情，就变化成一名叫胡秀英的姑娘同他结为夫妻，婚后龙女欲济刘海儿发登天，口吐一粒白珠垂钓于丝瓜井中……后金蟾大王被玉帝降服，为赎罪它口咬金钱、使出绝活来帮助有"四方活财神"之称的刘海儿发，"金蟾旺财"由此得以称名。

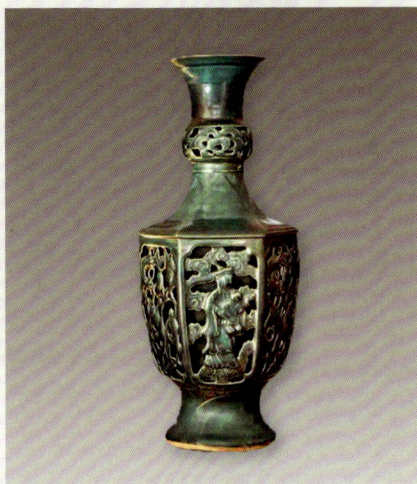

贵为尚食伴君侧

此件柴唐式带座赏瓶由于堆釉多,于镂空处依稀可辨葡萄纹,而葡萄藤下蹲伏着的系何动物,只能由各位去发挥想象力了。凭藉青绿相间的釉表,仍然从中感触到了有唐一代含蓄的文化气息——没有过多的彩绘,宁缺繁缛的修饰,不经意间弥流出一种内敛的修为,引领人们去品味隽永宁静的生命真味。正如元稹《茶诗》中所言:"洗尽古今人不倦,将至醉后人堪夸!"

在此作一重点赏析的,是此类赏瓶的器底钤有"尚食局"款识。据史料记载,北齐时负责宫廷饮食的机构还只有光禄寺,隋唐则开辟了第二个御膳机构——殿中省尚食局。从此以后,历代的皇家膳食机构均分作两处,作为其中之一的光禄寺,主要负责祭祀食品、宫廷朝会宴享和京官的膳食,唐代光禄寺下设太官署、珍羞署、良酝署、掌醢署。太官署除令、丞、府、史等负责人员外,供膳有2400人,主膳有15人。皇帝的日常膳食,则由殿中省尚食局长官奉御督办。光禄寺拟好菜单后,先呈送给皇帝过目,然后交由尚膳监烹调,再由奉御先尝后再侍候皇上用膳。按照周礼古制,帝王进膳时要有音乐陪伴,以乐侑食,以助食兴。

带"尚食局"款识的瓷器似可表明:当年的柴窑进御贡器,它们极有可能是伴随着伺候皇上用餐所订制的膳食器皿一道被征选入宫,作为摆设物件供皇帝休闲时品赏把玩。当年尚食局的职能范围,除令奉御膳食美味与康健之外,还得保证用膳的环境赏心悦目,较之史书记载的内容或更丰富多采些。

仙官神鹿赐福音

　　上元节的由来，《岁时杂记》记载说是因循道教的陈规。道教曾把一年中的正月十五称为上元节，七月十五为中元节，十月十五为下元节，合称"三元"。汉末道教的重要派别五斗米道崇奉的神为天官、地官、水官，据说天官赐福，地官赦罪，水官解厄，并以三元配三官，说上元天官正月十五日生，中元地官七月十五日生，下元水官十月十五日生。这样，正月十五日就被称为上元节。上元，含有新年第一次月圆之夜的意思。而元宵节俗（又名春灯节）真正的动力，是因为它处于新的时间点上，人们充分利用这一特殊时段来表达对于未来的美好愿望。自农历正月初八点灯，一直到正月十七的夜里才落灯，整整十天春节相接，白昼为市，热闹非凡，夜间燃灯，蔚为壮观。家家户户敬天官以盼福音，从人们喜闻乐见的年画上，通常见有一位神仙手执"天官赐福"四字，身靠花团锦簇的"福"字背景，周遭环绕着象征"多福多寿"的神鹿、云蝠和寿桃。

　　柴唐式天官赐福赏瓶，上端为一对称出戟神兽的洗口圆壶，下部则为四面龙首翘檐且刻划凤鸟纹饰的梯形台座。最为醒目的是外壁以赐福天官作为主题的镂空纹饰，只见一匹神鹿足踏祥云，相向而立，天官头戴如意翅丞相帽，身穿着绣龙袍，腰扎玉带，五绺长髯，手持如意。天官赐福四方座式赏瓶的出现，彰显出唐人"喜庄重，重人文"的审美志趣之所在，同时亦反映出华夏先民祈盼上天赐福予人间的诚挚愿望。

凤鸣朝阳庆盛世

　　与其它高古陶瓷相比，此件柴唐式的器耳所显比例额外的大，或许它曾受所谓"耳大有福"传统的影响亦未可知。细观这件四方长颈瓶上的双耳，采用的是凤鸟纹的侧身形象，好似它在欲飞之前先奋力地振起羽翅，拟或刚落在树枝上羽翅未来得及收拢。一眼看去，那线条流畅、气势张扬的纹饰造型，似曾相识于西汉漆器之上。地处湘南宁远九嶷山的大舜博物馆馆长王运辉先生，曾经将一件类似珍贵器型在56视频中予以公开演示过。

　　凤凰，据说是从作为四象之一的朱雀衍变而来的。有关它的典故，比较著名的有"梧桐栖凤"之说。相传梧桐乃为树中之王，故"梧桐百鸟不敢栖，止避凤凰也"。作为百鸟之王的凤凰，则也非此能知时令的灵树——梧桐而不栖。依此想来，此件柴唐式方瓶显然也是带有其"中空"之象的，凤鸟在此亮翅就绝非偶然的了。人们时常耳闻"得凤之象"的故事，相传能知天下治乱兴衰的凤凰，涅磐之后会浴火再生，由此它便成了历史上王道仁政的晴雨表，成为了神学政治的"形象大使"。古人还分出若干等级来，以凤凰行止作为彰显标志政治清明的程度。于是乎历朝历代都把"凤鸣朝阳"等看作是太平盛世的象征。

　　如果将今日中国与它的历史联系起来看，将国人现状与世界上处于动荡不安的国家的处境相对照，吾们称得上已经步入有史以来最为鼎盛的历史时期了。伴随着我国现代化追赶步伐的持续加快，饱含着近代以来中华民族夙愿的复兴之梦，正在逐步演变成为现实。藉此藏品之美好寓意，来表达本藏主发自内心的至诚祷祝咯！

李唐本系自柱下

历史上僧道位置的争论由来已久。隋朝时期既有李世谦论三教之优劣，又有炀帝时惠净、余永通之问答。只不过那时僧、道之间的争论都没有皇权介入，仅局限于教派之间的争论，因此不带有任何政治的色彩。唐前期政权，除去向天下昭示王权凌驾于教权之上以外，通常是将道教置于佛教之前予以尊崇的，唐高祖曾命僧尼道士致拜君亲，把僧侣纳于传统伦理的规范之下。在佛道相争中，李唐皇权也加入进来，并有意识地将砝码向道教倾斜。唐高祖武德七年，酷好老庄、儒学的传奕首先向僧侣发难，他上疏进《上废省佛僧表》，又集魏晋以来驳斥佛教的人物及言论为《高识传》刊布于世。对于道教徒的发难，其时有佛教沙门的法琳，以及善应、惠乘等人挺身护法。对于道教，唐太宗曾经对于侍臣说过这样的话："神仙事本虚无，空有其名"，因为"朕之本系，出自柱下"，才得以"宜有解张，阐兹玄化"。太宗深受"佛教之兴，基于西域，爰自东汉，方被中华……诸夏之教，翻居一乘之后"的影响，当他察觉到佛教兴盛有可能会危系到李唐统治时，遂"命道士女冠在僧尼之上"，并将李唐建国、天下大定归功于"无为"之力。

唐前期皇权的"扬道抑佛"倾向，直到武则天当政后才开始改观。观赏此件柴唐式器物摆件，头盘道士发髻的仙人坐禅于嫦娥玉兔所在的虚空，有如筑在 14 米高台之上的三清殿是为大明宫内等级最高的道教建筑一般庄严，似在向世人昭示其在宗教领域中无可争辩的龙头霸主地位。管中窥豹时见一斑，即使到了武周时代，李唐政权一以贯之的"扬道抑佛"的风气依然存续着。

莲岛识柴亦疯狂

　　历代的文玩鉴赏、收藏家们都对柴窑赞叹不已,使用过一些华丽虚幻的词汇。如高濂、文震亨、张谦德、谷应泰等均言:"柴则余未之见"、"世不一见"、"世绝无之",并有质疑"何相悬也"、"未知然否"。张应文则言"余向见残器一片,制为绦环者,色光则同,但差厚耳。"因此长久以来,柴窑被视为有名无实的词汇,成为了无人能解的千古之谜。但仍然有不少人坚持认为"柴窑"并非空穴来风,非属"史无前例的杜撰"。曾担任过文化部艺术品鉴定评估委员会秘书长的欧阳希君于2010年9月作出评论:柴窑是青瓷,是一种雨后天青之色(每个季节色不同,大雨小雨或早、中、傍晚亦天色不同),声如铜磬(视其古与新,音色亦不同),产地不限南北西东。"柴窑"是五代青瓷中的一种,并不是那么神秘,也许在众多博物馆的藏品中未被人们认识,或被冠以他名。

　　文物理论家们对于柴窑认知显得如此混沌模糊的时代背景下,澳门中信国际拍卖公司举办的2011年春季拍卖会上,赫然推出一款"柴窑瓷枕"登台亮相。这件编号为0137的器物当时被划入杂项类,起拍价定为RMB25,788,000元,其余两件柴宋式的价格均在8位数上,这委实让人一头雾水!惊诧的不单纯是拍卖价格竟会定得如此之高,而最重要的是居然有人敢于认定它就是柴窑!中信公司"敢为天下先"的举措,确实让人钦佩有加。

　　透过器身镂空所显现的人物纹饰,它所反映的不正是"塞翁失马"的寓言故事么?吾想中信公司的鉴定师未必真的知道,这件看上去让人心静、气顺且感觉舒适的枕器,其实它果真属于一件柴唐式哩!值得庆幸,当笔者将此在线转载后,立即有名叫"稀里糊涂"的瓷友在中藏网论坛上予以呼应。对照实物您自然会发现,初创时期这些黄绿相间的半瓷作品并不惹人喜爱,这让人联想到揩抹鼻涕的丑小丫,距离姣好容貌的妙龄女子还差得远咯!

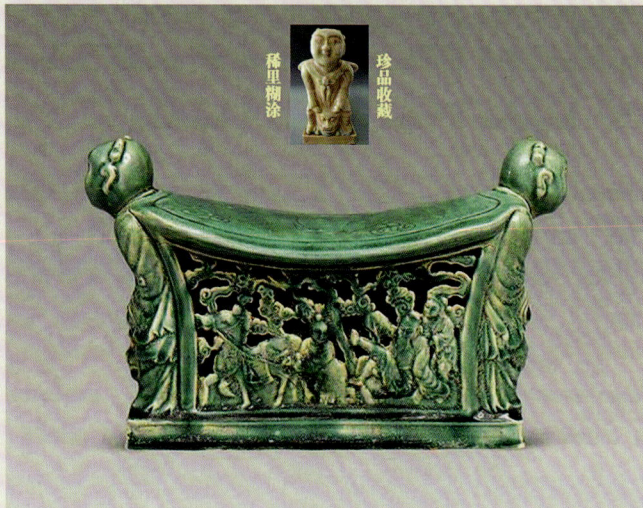

珍品收藏

稀里糊涂

大兴土木为崇佛

　　柴唐式镂空寺院人物纹四方形洗口瓶，除去以代表皇权的虎符来作为器耳之外，主题纹饰更是以皇家寺院人物为题材，古树参天的浓荫中有一拾级而上的亭阁式庙宇，小桥流水一侧有两位僧侣边行边话，年长者手持经卷似在作考问状，一沙弥手持宫扇尾随其后，睁大双眼予以应答，场景十分生动谐趣。此件雅器足以成为唐代僧侣与皇权关系研究的依据。

　　根据史料记载，唐代早、中期的皇帝大兴土木、建造寺院，其热度一朝胜似一朝。唐高祖曾在并州建立义兴寺，在太原建立太原寺，在华阴建灵仙寺，在京师建会昌寺、证果尼寺、集仙尼寺，武德四年又在广武建观音寺等。唐太宗李世民继位后所营造的寺院还有很多。如果说开国皇帝兴建寺院或多或少有利用之嫌，而随后的高宗武后时期，则逐步演变成为真正笃信的了，大规模营造寺院的序幕由此再度拉开。中宗、睿宗二人紧步其后尘，中宗为其母则天追福造圣善寺、立报慈阁、修大像；睿宗于景云元年，制东都所造圣善寺以广僧房，太极元年再为二女营造寺观。衍至唐玄宗开元年，又重修招福寺圣客院。

　　大唐盛世之际，历代政权所兴建的寺院众多，相应度人出家的数量亦很庞大。此外，唐朝政权还时常组织有学问的僧侣开展译经、讲经，从高祖时起就对那些支持李唐政权的佛界人物封以官爵，对僧侣的土地赏赐数量巨大，赐给僧人的财物不计其数，一些与李唐皇室保持密切关系的僧侣，其殁后还额外地享受着朝廷的恩宠与礼待。

安居乐业兴致高

　　古瓷器物反映现实生活的作品不多见,附图中展示了三件柴唐式摆件,它们明显地承续着晋、隋以来的陶塑工艺。

　　首先,让吾们关注一下摆放于两侧的人物塑像,只见右侧那一位老人,正将小孙子揽抱于怀中,另一位老者则是将孙子牵拉于膝边,俩人皆面带笑容,表情生动传神。不免联想到出自于《后汉书·明德马皇后纪》中:"吾但当含饴弄孙,不能复知政事"之句。再瞧摆放在中间的圆雕作品,但见这一位上了年纪的渔民,右手提携着一尾鱼的同时,还使用双手加双膝的合力按住身前的竹筌,透过筌眼依稀能见一尾大鱼在内里作腾跃欲出状。唐人陆龟蒙的《奉和袭美太湖诗·崦里》当中,曾用"处处倚蚕箔,家家下鱼筌"一句,来反映了太湖边渔民早出晚归的日常劳作。此件作品,还原了唐代渔夫捕捞的写实场景,浓蘸着的渔乡风情存续了千余年尚未完全散开咯。塑造上述作品的柴窑瓷坊师傅,当年怀揣着怎样的匠心与情思呢,恐怕并非纯粹用以宣释获得劳动成果的喜悦情怀,或旨在体现安度晚年的闲适生活,是否还隐喻有某些欲要表达的生活哲理于其间呢?拟或如《庄子·外物》所云:"筌者所以在鱼,得鱼而忘筌;蹄者所以在兔,得兔而忘蹄;言者所以在意,得意而忘言。"原意是说筌、蹄、言皆为工具,目标还是在鱼、兔、意。只要是得到了实惠,或者是领会了其中的精神实质,这些外在形式就都可以抛弃了。

　　余似于冥冥中接收到了某种提示:柴唐式烧制的肇始,一定是与大唐民丰物阜的时代背景紧密相关联的。如此道来,将柴唐式的始烧时间,判定处于上承"贞观之治",下启"开元盛世"的武周时代,照此来推论是相当靠谱的了。

供奉柴窑新一款

　　上网搜寻浏览时，偶见有瓷友张贴出一对罕见的疑似柴唐式花觚（或为柴宋式）来。该器物为方形、撇口、长颈、平底，通体带淡雅的天蓝釉色，此类造型具有仿商周青铜器的显著特征。整体看上去，花觚显得挺拔大方，既存古雅之韵味，又可彰显柴窑之富贵。想当年，它或许曾被作为佛龛、灵台前的供器，在拜表、炼度、施食等仪式中为善男信女所使用。将这一对花觚判定为柴唐式作品，其原由有三：一是它保留了柴瓷作品胎薄体轻的本质特征；二是釉表发色与余发现的同时代器物相类；其三，当然还是要归于此类器物的稀有难遇咯。

　　国家大事，在祀在戎。供器在两汉时期，主要用于祭祀南北郊、明堂、祖庙等。佛教传入中原大地的南北朝时期，人们才开始用它供奉佛。1987年陕西扶风法门寺唐代地宫的发现，应证了瓷器以供器角色出现的史实。作为供佛组合的"三足具"之一，它时常会与香炉、烛台等摆放一块，及至发展开去又出现了由一对花觚（瓶）、一对烛台和一只香炉共同组成的瓷质"五供"，被安放于寺庙道观中，以申表护佑平安、祈望清吉的施主寄望。

　　供器最常见有石质、铜质和瓷质之类。柴窑作品作为瓷质供器，最初系从何时开始的，相信这对柴唐式花觚的出现，将为柴友们的鉴赏考证打开一扇窗户。

舞狮源出西凉伎

　　此对柴唐式双狮摆件（图示系仿品），系以圆雕技法塑成，狮身壮实又不失和谐，前肢抚一镂空绣球蹲坐于座台之上，扁圆形的头部鬣毛圈曲成整齐的涡形，高耸的眉脊与深陷的眼窝透射出百兽之王的威严，呲咧的大嘴又显露出其憨态可掬，项下着圈佩挂响铃，双耳下垂，揭示其接受人类驯化的历史已是相当悠久。

　　吾国传统的舞狮与西域文化密切相关，斯里兰卡的古名唤作僧伽罗，僧伽罗可以从梵文翻译为"驯狮人"，因此《梁书》上面亦称该国为狮子国。相传在汉章帝时，西域大月氏向汉朝进贡了一头金毛雄狮，使者扬言：朝野若能驯服此狮，便继续向汉朝纳贡。宫廷指派了两名宫人充当驯狮人，但期限届满依然未果，兄弟俩只好一个装扮成金毛狮子，一人逗引起舞，不但蒙过了大月氏使臣，就连汉章帝亦信以为真。此事后被视为是吉兆，表演狮子舞从此风扉起来。到了盛唐时代，狮子舞逐步发展成为过年过节、行香走会的必备节目。史书中记载的《五方狮子舞》，共有一百四十人同声高唱着《太平乐》伴舞，不难看出演出场面是何等的壮观！唐代诗人白居易在《西凉伎》中对狮子舞作过如此描述："西凉伎，西凉伎，假面胡人假狮子，刻木为头丝作尾，金镀眼睛银贴齿，奋迅毛衣摆双耳……"

　　首次看到此类古瓷器，那是 2009 年去到横店的明清民居博览城参观时，当在余皖生先生助手的引导下，迈入一座古色古香的四合院，当透过陈列橱窗看见它时，确认其为老瓷，但感到疑惑的是其形制与柴周式不相类，便在脑海中保留了一丝悬念，直到深入考证步入到了新层面，才意识到先前所见原来系属于一对柴唐式金毛舞狮摆件呵！

十老九残聊胜无

在文博论坛上发现一件疑似柴唐式鱼边饰香炉（或为柴宋式），去到自存的柴窑档案夹中寻觅到了仿制品，脑海中不知过了多少遍的——国人乃是"遇古必仿"的鉴藏理念，再次得到了应验。附带道一句，此处所指及的档案资料夹，系指本藏主将历年去到禹州神垕镇、江西景德镇等地考察调研后，逐步积累起来的柴窑仿制品的汇总，其中当然也包括收藏界所举证的赝作图片，以此作为鉴藏考古的参考，与古瓷真品一样受到重视。

所谓"遇古必仿"，乃指在当今古陶瓷仿制基地，有一类被称作"造型师"的，通常系由有文化基础且懂技术的人来担当，造型师们负责搜罗一些到代古陶瓷，实在弄不到时就会下载相关图片替代，通过极力模仿对象来完成相关的造型设计，再将其翻成模具，然后会将这些模具销售给那些需要订货的作坊。在仿古陶瓷行当的生产链中，由于造型师居于设计制作上游，所获取的回报相对会要丰厚一些。

古兄所收藏之柴器虽说是缺失一盖，正应了业界那句"十老九残"的习语。作为一件具备古器征貌的到代实物，它的存世使吾们为搭建柴唐式的学术框架增添了信心。将柴唐式与柴周式作一比较，单层镂雕的器物居多，复合式的构造较少。综合其造型、釉色以及开片受沁等时代特征，本藏主将其列入到柴唐式系列中在此展示。在现今古文物鉴赏领域中，确实有着这样一些人士，但凡发现自己没见过的，或是没有入藏过的东东，也不做深入细致的调研考证，便想当然地指斥其为赝品、臆造品等，此类行径未必能够经得起考验。时日既久，人们亦就习惯对于那些能讲会道、并无真才实学的所谓专家贯以"砖家"之类的头衔。祈愿此类人物在文物鉴赏领域愈来愈失去其市场，此乃继承与保护历史文化遗产之幸事矣！

带盖全貌

古人懂藏

一缕暗香若有无

忍冬俗称金银花，为多年生常绿灌木，枝叶缠绕，忍历严寒而不凋萎因而得名。忍冬是蔓生植物，忍冬纹即类似忍冬花植物的花纹，东汉末期开始出现，南北朝时最流行。因它越冬而不死，所以才被运用在佛教上，比作人的灵魂不灭、轮回永生。以后又用于绘画和雕刻等艺术品的装饰上，成为传统图案之一。唐人取忍冬、荷花、兰花、牡丹等花草，经处理后作 "S" 形波状曲线排列，构成二方连续图案，被后世称名叫作唐草纹。

国人最讲求实际，对于花草的喜爱有多一半缘于其实效功能。金银花有解毒功效，宋人张邦基的《墨庄漫录》中记载了一则故事：崇宁年间，平江府天平山白云寺的僧人，从山上采回一篮野蕈煮食。不料野蕈有毒，僧人们饱餐之后便开始上吐下泻。其中有几位僧人由于及时服用鲜品金银花而转危为安，没有服用金银花的人，全都命丧黄泉。

下图中的疑似柴唐式香熏器（或为柴宋式），当年受到古人的喜爱，除去镂空了忍冬纹饰而显得俏皮以外，恐怕还是得要归功于香熏的实用价值。兴起于隋朝大业元年（公元 605 年）的科举制，即使到了初唐武周王朝时期，只不过才经历一百余年，"千古文人佳客梦，红袖添香夜读书"还正处于鼎盛时期。遥想当年，"红袖"们的穿着打扮，甫定不象陈逸飞油画世界那样：上身着高竖领、斜对襟、镶着金色滚边的中式长衫一类……但必须得有宽舒的、露着素腕的红袖，向上盘梳着高发髻，再搭配以鲜活生动的脸部轮廓，历史灯影下的唐代"红袖"们，便伴随着眼前的这只香熏，定格成为了一副古典中国的隽永意象！

凤行天下 藏

唐风胡韵满器瓯

　　面对从藏界同好那儿汇聚拢来的柴唐式，吾们无论是审视器物的奇异造型，还是观摩沉淀着宗教人文的艺术图案，透过作品所弥散开来的文化内涵，无不使观赏者沉浸于唐风的氛围之中。摄人魂魄的，不仅有唐镜上见惯了的松鼠葡萄纹，有敦煌石窟中婀娜多姿的飞天形象，还有见怪不怪的兽面铺首以及螭龙雀凤，伴随佛教东渡而来的荷莲与忍冬，与饱含牡丹、茶花特色的宝相花纹饰相映生辉，一副副纷至沓来，美不胜收。仔细地观赏和品味，如同似在享受一场视觉上的饕餮盛宴。

　　柴唐式多以瓶形器为主，林林总总的敛口、侈口、方口和圆口，高度多在 18 ~ 31 厘米之间，这些器皿属于陈设瓷，是专供皇戚贵胄们把玩的器皿。从目前所发现的物证分析，几乎可以判定：柴窑瓷器从其诞生伊始，便沐浴于"皇恩浩荡"之中。是什么原因导致会要这样的故事发生呢？它又成为了新的需要持续探索的柴瓷文化课题。

　　需要提及的还有图片上所显示的柴唐式系列，基本属于带橄榄色的青釉半瓷胎质作品。但其发色亦并非完全一致。直到有幸遇上一批将多种釉色函括在内的柴唐式真品，居然还在同型器上发现具有不同的釉色，这才醒悟到：或许只是在烧制过程中，因为放置于窑内位置上的不同导致器物受热不均衡，进而产生出发色有差的现象，这才促使将先前所认为此系产生于不同年代的想法予以否掉。

多种款识现唐柴

柴唐式作品，目前已经探明的主要有六种款识：一是浆水柴两款式，二是方框柴，三是"尚食局"款，四是"尚食局制"两款式，五是"大周"款，六是"大洲"款识。这六种款识的共通点，缘于它们都采用了阳文凸起模印。凡事又不可一概而论，不带任何款识的柴唐式亦实有存世。

所谓"浆水柴"，就是指这个柴字的下半部之部首"木"，上面的那一横的两边翘起来，看上去就象是一个"水"字，不知道为何那时会要如此书写。通常人们习惯将"水"与财相联系，尤其是在祖国的西南边陲，"水、水、水"三声呼喊这自然的灵物，已成为傣族人逢酒必做的仪式。借此吉言，索性就唤它作"浆水柴"好了。据藏主所见，有一类双层镂空朴，柴字上半部首非"此"即"比"，至今不明其意。

"方框柴"，其实就是给"柴"字多添加了一个方框。这种形式在柴周式上见得要多些，只是笔划以及风格略存差异。初唐气韵在柴周式上的延续，由此得以清晰呈现。

"尚食局（加框竖排）"、"尚食局（竖排）"、"尚食局制（加框）"等款识的出现，由此可以表明早在初唐武周王朝，柴唐式就贵为进御贡器了。更有意思的是，此间的"制"字出现了两种写法，一类带衣，一类不带衣部首。

带有"大周"和"大洲"底款作品的现世，帮助吾们将柴唐式的诞生时间，匡定在了公元700年前后，不仅给予柴窑制器的断代提供了方便性，同时也为之增添了说服力。

夜半钟声到客船

　　图中这件柴唐式的主题纹饰，取材于唐代诗人张继《枫桥夜泊》中的意境：月落夜深，繁霜暗凝，在静谧的寺院环境中，有一位僧人竟自赶回其自身所栖的禅房……观赏之际，使人似乎感受到了秋夜的清冷，以及清修人的孤子寂寥。寒山寺位于苏州枫桥西一里，初建于梁代，因唐初诗僧寒山曾驻于此而得名。枫桥自然风光的诗意美，增添了这所古刹的历史色泽，使之显得深邃丰富引人遐想。据说，夜半钟的风习，虽早在《南史》中有所记载，但把它写进诗里面，成为意境描绘的点眼，却是张继的创造。

　　登录淘宝网站搜索，景德镇某瓷庄所陈列的仿制柴器足以乱真。诚然，仿古界历来所关注的仅在于能否将骨董模仿到位，以能否达成转手交易作为其终极目标。如同国内对一些国际品牌实施的盗版，所以每当有人前往欧美等发达国家旅游时均会面临着一项检查，要看你用的、戴的是否属于真品牌，检查出假货来则会受到相应责罚。在逐利为上的古玩领域里遨游，不随时保持一份警醒咋行？！友情提示一句："夜半钟声到客船"意境，与"半夜嘤嘤鬼敲门"两者之间容易混淆。本藏主考证期间，曾亲赴山西忻州某村庄上手过盛装着陈年普洱的同类器皿，经过仔细辨认，发现它们竟然是有心人跨省埋设的"地雷"！遭此际遇后，通常会给人留下错误印象，以为世存的柴唐式皆属于臆造之物。其实，当在业界经历的事儿多了就会发现，世事有时会比想象的还要复杂。这里并非系指通过网络流通的均不靠谱，当你与网店老板交上朋友后，他会告诉你其间不乏有从"鬼市"淘来的老货，自然价格亦不菲。至于客官能否于"百万军中取上将首级"，那就得看各位去伪存真的看家本领了！图中以真品同昌南工艺品相对照。

拾遗补缺观分晓

　　柴唐式作品，正在被鉴藏界大众给逐步地发掘出来。目前所发现的式样已臻卅余种。这些造型精致、形象逼真、釉质翠绿、胎体轻薄、土沁入骨的古瓷，件件属于稀世珍品。希望手中握有唐柴珍品的同好们，要象爱护自己的眼睛一样，使之得到最好的藏护。伴随着柴唐式逐渐地深入人心，势必还有其它的真品映入大众的眼帘。在古玩世界里面，可谓是渊深难测，卧虎藏龙；天外有天，毫不足怪。就本藏主所掌握的信息资源，附图中所显示的几款柴器，除去那件组合式瓶形塔可被评鉴为柴唐式外（附注：人称杭州西湖的三潭印月瓶形石塔，系由北宋时苏轼疏浚西湖后为标示湖泥淤枳而设立，此说凭籍史头是否可靠，似有重新审视之必要），其余几件的款识与唐代柴器皆不相类，它们究竟属于唐柴或是宋柴，眼下尚不能轻下结论。附带提请柴友们注意，务必仔细检视过往的收藏，并在遛摊淘宝时给予留神，以期持续地发现并举证唐柴的未现款式。

　　鉴藏原本属于个人行为，独立思考显得尤其重要。余以为，特殊时代背景下的"按图索骥"，对于柴唐式的发现具有重要意义。鉴藏考古实践证明，一些个古玩艺术珍品，往往系由某位收藏界人士率先举证之后，陆续又从其它藏友所上传资料中，得到进一步验证并最终确认的。依余之见，按图索骥该当如何具体操作，可依各人的鉴赏辨识水准酌定之。网上流行着所谓"臆造品"说法，由于缺少证据去予以证明，因而形同空气与儿戏不怎么受人待见。这是因为通常由造型师设计出一款新作品，那是需要耗费相当的心力去完成的任务，其难度比起采用真品去模仿制作，不知会要笨拙多少倍哩！

进御柴器始落魄

　　根据目前的初步结论，柴唐式或兴烧于大唐武周（690～705年）王朝。从那时开始，直至后周世宗郭荣登基的显德元年，两个半世纪的后半期处于群雄割据、逐鹿中原的混乱时期。在此段过渡时期中，柴窑作坊的工匠们为了维持生计，是不大可能长期生产薄胎器皿以供宫廷赏用的，它必须适应市场的多元化需求，面向普通民众生产实用器皿以维持营运，其中或会保留吉礼器制作工序，即或是生产出极少量的观赏性摆件，亦当在情理之中。

　　柴窑制瓷作坊在两个半世纪中，究竟沿袭怎样的生存状态？它所制造的器物会要呈现出怎样的面貌？它的工艺流程将会维持到何种水平？是否继续葆有"柴"窑名称以及继续持有款识等，均是吾们探讨柴窑历史文化时需要面对的。根据本藏主的长期观察和思考以及与网友作交流，的确发现身在各地的民间藏家手中所掌握一些疑似器皿，或可将其纳入到此范畴去深入研究的。如前所述，这类器物既已转型为民用，其形制、胎釉以及精细化程度，就再也不能与作为进御贡器时的柴瓷相提并论了。有鉴于其身世显赫，又由传承精湛技艺的师傅执掌烧造，因此得以传世的器物，仍可视情纳入到五代柴器中解读。只是它已不可能象"柴三式"那样，可独立地形成明晰的类概念了。

　　简言之，"飞入寻常百姓家"的前五代时期的柴窑，与柴三式之间的显著差别，首先使人会想到的就是它们较之精致考究的进御贡柴而言，外表肯定会显得敦实粗犷得多，其薄胎属性自然会发生根本性变化。想当年那位跟随大商人颉跌氏从事贩运的少年"柴王爷"，作为柴窑经营的直系传承人，他的那辆推车上或曾装载过此类平民化的柴器咯！

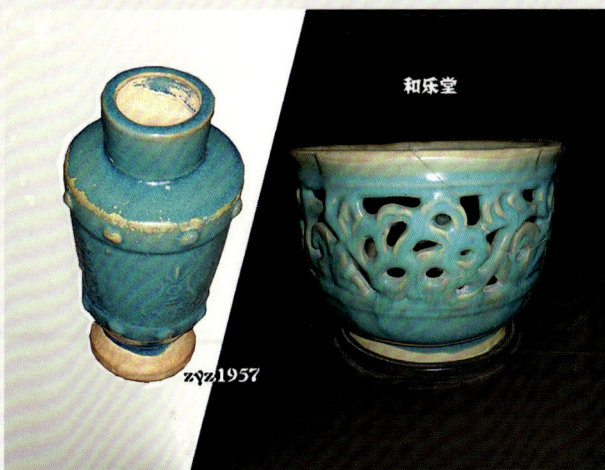

和乐堂

ZYZ1957

碾作尘泥香如故

　　《卜算子·咏梅》这首词，反映了失意英雄志士的兀傲形象。其间"零落成泥碾作尘，只有香如故"一句，若要用来比喻柴窑在结束了进御使命后，陷入瓷业凋敝萧条，经营举步维艰境地，也称得上是恰如其分的真实写照。

　　一位叫"觅珍瓷"的柴友，电传来由他本人撰写的《柴窑释疑》作为交流，并附有照片数张。图文拜读后，发觉此类东东除去葆有柴窑特征外，还均带有转型时期诸特点，故将其判定为前五代时期（后梁、后唐、后晋、后汉）的类柴器。将所述整理予后以飨同好。

　　这位柴友所搜集的几款藏品的釉色，均介于蓝绿之间，光线充足时偏于蓝，暗淡时泛绿，开片均匀且细长，迎光能够看到若隐若现的波漾纹，细纹在光照作用下，产生出流光四溢的视觉效果，有如涂抹了油脂一般的凝润细滑。此外，其大众化特征表现充分：一是敦厚矮壮，胎壁不薄，趋向于实用性；二是造型多为侈口、带系，足略外撇；三是足墙尺度具有五代风格，且为粗黄土足；四是搜集来源于河南省内，及其周边一些地区；五是器物表面有"析铅"、开片等岁月痕迹，非属后天做旧。

　　在友人的文章中，是将上述特征作为"柴窑礼器"来进行论证的，本藏主却将其引为前五代时期的类柴器征貌予以表述。换言之，其所依凭的论据介乎一致，而得出结论却迥然有别。为尊重原作者的学术观点，专此给予附带说明，并请参见附图所列举的器物。

觅珍瓷 收藏

唐柴鉴真述感悟

　　顾景舟先生，是余所景仰的一位紫砂陶艺大师，他生前在谈到如何识别明清紫砂壶的真假时，曾经指出过："首先要从提高理性认识入手，即培养自己的学识素养，以资提高审美观感；第二是多方交流，互相观赏某些名家的杰作，提高感性，探讨和了解某些名作家的风格形制，技巧手法，艺技擅长，使用原料泥色的习惯性，印章的规格特征，把握关键性的依据，逐渐累积经验。明眼人自然而然地不难识别真假的……真的，生来就是真的，假的永远也真不了。"

　　尽管古玩市场中鱼龙混杂、真假莫辨，但只要坚持当一名有心人，做到腿勤、脑勤，不断总结来自正反方面的经验教训，同时重视对其货源的探究与考证，总是能够发现一些线索的。在此将本藏主辨真柴唐式的一些感性认识，提供给业内参考。

　　通过对真品的釉面放大观察时发现：首先，偶尔能够发见被玻璃釉表所遮盖着的裂缝，这是因为唐初于烧制薄胎瓷尚处于试验探索阶段，高温烧制容易导致出现窑裂等瘢疵；其次，通常它所带有土沁牢固粘附于开片之上，匀称分布在器物内外壁，洗涤时用力擦拭亦未必能清洗干净；第三，因时间久远所形成的次生结晶，较之现代绿釉瓷器微观冰茬略显模糊；第四，釉表脱玻化有似寿山冻石状，装饰浅淡釉色器物的口沿及釉薄处，带有千年古玉般的秋葵色；第五，在同一批面世器物中，因为施釉的不同，会有一些器物的纹饰展现清晰；第六，器底釉胎结合部有时呈现俗称"一线红"现象，但此种现象无法将其归因于溢出铁分子的氧化特征。

　　总之，受器物烧制、传世以及发现数量等芜杂因素所掣肘，目前对于柴唐式旧貌征候的概括及相关表述，还难以达到精准无误的程度。吾们相信关乎历代柴瓷的鉴定，最终还是趋向于定量化方向，不会永远停滞于依赖感性识别的初级阶段。相信有一天，人们会将"柴三式"检测数据库创建并完善起来。

柴周式赏析

◎ ："柴周式"一语，始见于乾隆皇帝《咏汝窑瓷枕》诗中，有："汝州建青窑，珍学柴周式。"之句，由此便衍生出了："柴三式："暨柴唐式、柴周式和柴宋式之统称。

天福双鸟载吉祥

2012年8月9日，兰州晨报上刊载了一篇题名为《兰州市民收藏疑似珍稀"柴窑"古瓷》的报导，引起了本人的关注，为了一探究竟，立即启程前往考察。当尾随记者进入谢先生的家中看到它时，心情真的非常激动。在这件可以称为"天福鸟志文物帐碑"的柴瓷底座上，由两组阳文共六字，组成了令人印象深刻的佳句："天福鸟，载吉言"。天福鸟降临人间，的确给柴友同好们带来了喜庆吉祥。归纳起来，有如下几个方面：

一是它明确给柴瓷鉴藏指引了方向，在当今各说各话的柴窑鉴赏领域中，它的到来并以其自身的示现，给予了世人一个清晰明了的答案。

二是由它所携带来的将近90余件柴瓷明器，将后周柴瓷诸种形式相对完整地作了举证，这其中，既有十八罗汉、八仙和十二生肖，还有其它19件不同造型的柴窑器皿，证明了后周柴器的丰富多彩。值得庆幸，它们全都包含于前著《南辛赏柴》所举证的"柴窑49式"之内，说明先前的集体考证并未白搭功夫。

三是作为柴窑瓷器的基本色，当年沿用的称谓既非鲜碧色，也不叫天青色，后周时代的人们只唤它叫作"孔雀蓝"者是也。

四是根据碑文上的记载，表明在显德三年（公元956年）三月以前，孔雀蓝柴瓷已臻烧制成功。

五是其无比珍贵的考古价值集中体现在，它属于世宗给予其爱女所赐器皿，与珠宝玉器等一起凑成总数，凸显出世宗本人对于柴瓷的珍视。

六是柴瓷"随棺入葬"的事实，首次表明了柴瓷曾经被作为明器被后周宫廷采用过。值得一提的是，君阅轩主人所收藏的"天福鸟志文物帐碑"，不单造型釉色一致，器主身份亦为同一人，只是随棺明器的数字相差悬殊，缘何于此出现"赐物有差"，留待今后研究。

思前念后说砚君

观赏"天福鸟志文物账碑"的碑文，一个叫张砚君的陌生名字映入眼帘，难道"黑女"真是周世宗至亲晚辈？但有一点，"君讳"二字笃定她系出皇门。历史上的确有过一位叫作张黑女（rǔ）的人，此人系魏故南阳太守张玄，其墓志铭被后人指称为"张黑女体"，为人所熟视的第四套人民币上的"中国人民银行"，就采用了此书体。据雨辰斋主人推测：孔雀蓝釉柴瓷上面所带有的黑斑，乃是世宗对已逝爱女的特殊祭奠方式……云云。

作为五代末期后周皇帝的柴荣（921～959年），庙号世宗，谥号睿武孝文皇帝，显德六年六月病逝。往前推算到显德三年三月，即张砚君下葬时世宗正值36岁。如果黑女（砚君）时已出嫁，算起来当比老四宗训略长，年龄约为15岁左右。联想到唐太宗长孙皇后，早在大业九年（仅13岁）便嫁于李世民。早婚习俗于当年蔚然成风，亦不足怪。

翻检《新五代史》，其中有一处特别醒目：世宗子七人，长曰宜哥，次二皆未名，次曰恭皇帝，次曰熙让、熙谨、熙诲，皆不知其母为何氏。宜哥与其二，皆为汉诛。那么，这个没有留下实名的"次二"，是否就有黑女在内呢？如史书记载，"宜哥与其二"同被汉隐帝于乾祐三年（公元950年）所诛杀，世宗即位之后，于显德三年亲征南唐之际忙里偷闲，追加封葬惨遭毒手的家眷当属人之常情。改称张氏会否与郭威女婿张永德府上存有眷属关系呢？难道说黑女先前曾经与张家结过亲？作为世宗故乡的河北隆尧至今流行有"配阴亲"的民间习俗，这一层也值得加以考量。附带道一句，在周世宗病重期间，外界有"点检做天子"的流言蜚语，临去世前他解除了张永德的殿前都点检职务，改升赵匡胤为检校太傅、殿前都点检，未料此举却为半年之后宋太祖发起陈桥兵变、黄袍加身，奠定了晋身基石。

养在深闺待人识

若以挑剔眼光作一赏析，"天福鸟志文物账碑"的记载确有值得商榷的地方。最为明显的，莫过于碑文另一面刻划有"后周故郑州张砚君墓"九字。质疑主要针对为首的前两字，通常人们会认为，关乎五代十国中的"后周"，系属北宋以来的历史学家的习惯称谓。那么为何它会在此时显现呢？碑文所载立碑时间是在显德3年3月，难道说当年人们，就已经开始称呼本朝作为"后周"了么？在吾国历史上，周朝之名先后出现过四次。前三次分别是：公元前1046～249年的周朝，公元后的北周（557～581年），初唐时的武周（690～705年）等。薛居正监修的《旧五代史》中提到"后周称神农之后，不以神农为始祖"，此处专指隋唐前的北周。而司马光所撰《资治通鉴》中亦曾记载："唐明宗之世，宰相冯道、李愚请令判国子监田敏校定九经，刻板印卖，从之。后周广顺三年六月丁巳，板成献之。"这里所提到的"后周"，才真正指周世宗当权的后周（公元951～960年）。至少它说明了北宋史家已经在沿用"后周"这一称谓了。至于在广顺、显德年间，人们是否开始以"后周"称呼本朝，尽管本藏主对此持有肯定态度，但尚缺乏实证予以证明。

依据"天福鸟志文物账碑"，吾们几乎笃定：此件器物，连同其它数拾件后周柴瓷明器的面世，称得上是近些年国内鉴藏考古最重要发现了。它对于廓清笼罩于千年"瓷皇"头顶的迷雾烟云，对于正确解读被文博考古界称为最大悬案之一的柴窑历史，意义重大且影响深远！征得本人同意，雨辰斋主人所珍藏的同系列柴瓷附录于后，以供业界同好继续考证之。

孔雀蓝瓷是与非

孔雀蓝釉又称"法翠"，瓷器釉色名。"法翠"是以铜元素为主要着色剂，烧制后呈现亮蓝色调的低温彩釉。一般蓝釉多系高温烧成，釉面不易脱落。孔雀蓝釉则是中低温釉，据悉烧制方法亦不尽相同，或直接上釉烧制，或先涩胎烧成再予挂釉复烧，或在白釉器上罩釉烧成等。

说到柴窑时，《马未都说收藏（陶瓷篇）》中记载有以下文字："我在20世纪80年代买

过一件类似的东西，孔雀蓝色的四个残片，完全用金属镶在一个铜的方杯里，方杯底下有四字篆书：'世宗遗物。'我当时还真不知道它是什么，对柴窑也没有了解，后来看书才看到。"马先生的上述回顾似有两处值得留意：一是在他的潜意识里，认定柴窑器就是孔雀蓝瓷，否则，也不会在谈及柴窑时，提到所看过的孔雀蓝色的残片了；二是那四枚镶嵌于铜方杯里的残瓷片，表明咱们的华夏先民，亦认定柴窑作品属于孔雀蓝釉瓷器。

"孔雀蓝釉"属于西亚地区的传统釉色，是一种与青花"蓝"、"祭蓝"和"宝石蓝"都不相同的"蓝"色调。至于五代时期是否出现过孔雀蓝瓷的称谓，是值得认真探讨的。有一位身在英国的华裔柴友，在其所撰写的《侃柴（五十）》中明确提出："纵观唐代至元代的古瓷釉色，恐怕只有孔雀蓝瓷最像"雨过天青"色。由于迄今所出土的孔雀蓝瓷最早到金代，人们一定会问，五代后周有没有条件去烧制孔雀蓝瓷？回答是肯定的。因为在唐代，国外波斯已制出孔雀蓝陶（非天蓝色）并带进中国，在晚唐，中国进口孔雀蓝瓷釉料也是可能的。因此，五代后周瓷工利用进口釉料研制'雨过天青'色的柴窑完全可能。"

法翠创烧时与空

人们习惯于引用资料，称孔雀蓝釉（又名"翠蓝"、"法翠"）属于西亚的传统釉色，其制品通过丝绸之路的商贸往来被带入中原。从金、元产品工艺看，13世纪的磁州窑系翠蓝器水平相对较高。根据成分分析，该类制品使用了低温石灰釉，与以氧化铅为助融剂的低温釉配方并不一致，故有人推断该色釉系属引进西亚地区的原始配方，云云。

那么，孔雀蓝釉器真的是在金元时期才创烧的么？情形或许并非如此。远在美国的华裔瓷友蔡伟忠，通过在其博客上撰写《试论孔雀蓝、绿釉起源于汉，成熟唐的切实证据》，揭出了独到的见解："……可以看到一个非常完整，非常清晰的证据链，这个证据链用毋须争议馆藏品为依据，有力的证明了这样一个铁的事实：孔雀蓝、绿釉的确起源于中国汉代，其间经过了几百年不断的改善，到了中国唐代已经完全成熟了！其间并没有任何证据表明，是有外来文化、工艺才促使它产生的痕迹。它的实际产生年代，要比现在公认的宋代早了千余年！"本藏主通过展示中历博馆收藏的奏乐马俑、陕博馆收藏的凸心钵等半透明釉唐三彩陶，揭示了乳浊釉在唐代全面成熟为透明釉的生产过程。

雨辰斋主人所藏的载有铭文的孔雀蓝柴瓷，恐怕称得上是目前所发现最早、也是惟一带有文字注明的瓷器了。依据它更让人们确信，早在晚唐五代末期，国内就已经有了烧制完美孔雀蓝瓷器的成熟经验。当然，对于蔡先生的下述观点："世界其他地区的此类釉种，反而倒极可能是从我们中国汉代，或是汉代以后传布出去的！"对此，只能见仁见智了。

九五之尊御龙鼎

鼎文化的起源，可以一直追溯到原始社会新石器时代，早在7000年前就出现了陶制鼎，以鼎作为祭祀容器，盛行于商周时期，一直延续到汉代。鼎作为标明身份等级的礼器，同时它也是国家政权的象征，《左传》载云："桀有昏德，鼎迁于商；商纣暴虐，鼎迁于周"。

余所藏之后周柴瓷方鼎，鼎体四面均镂空雕刻火焰龙珠纹，作为帝王象征的龙形象，矫健灵活，极具神圣威严意味，既能观赏到侧面的行龙，又能看见正面的坐式龙，"天子五爪"的

周朝古制得以生动示现。鼎耳外廓则刻划有双体龙纹，内侧上沿有代表至阳之极的"九"字，折射出"天子九鼎"礼仪文化的博大深邃。方鼎的四方棱角，各有游龙向上作攀附状，让观赏者沉醉于"乘云气御飞龙，而游乎四海之外"的庄子意境，结合器底所凸显的秦篆"御龙"两个字，可以初步判定，它系属后周御用祭器之列。唐代以前，龙形象多作堆贴、捏塑在器物上，而作为一种图案纹饰表现于瓷器上，则是从五代才开始有的。在柴周式作品上出现镂空雕饰龙纹，又向艺术化方向迈进了一大步。

此鼎的造型构思，沿袭了商代后期王室青铜祭器的气势风格。柴瓷御龙鼎的出现，不仅修订了"明末才开始出现正面龙"的传统理论，同时也给予周世宗于显德二年秋九月"颁铜禁"后，采用"礼器用陶"提供了具象化物证。

神乎其技现盒底

藏友孟旭2012年3月5日，在中藏网论坛上发表《神秘的"官"字》一文，他在文中宣称："我也收藏了一个柴窑的瓷器，我把它戏称为'魔光宝盒'。盒的直径14.8cm高6.5cm，重260g。内外满施天蓝釉，盒盖上划刻双龙戏珠纹饰，布满了黝黑的沁斑，呈苍老态。盒底外底凸印12个篆字诗文。并带有黄圆形垫烧痕。把盒盖打开，明晃晃的蓝光扑面而来，我小心翼翼的捧着它，看到从细碎开片里折射出飞箭般光束，尤如屡屡霞光穿破云层，映照在碧海蓝天……忽然，在盒内底中间位置象是有个字时隐时现。我赶紧挪到光线明亮的地方。睁大了眼睛盯着盒底一查究竟，却没发现异样。于是把手拖得再高一点，目光再低一点，就在这个角度，一个透明的、神奇的、清秀的篆体'官'字赫然出现。我还真有点紧张，似乎听到了心在'嘭嘭'的跳。只是双手微微移动，那个字就消失的无影无踪。按常理，若为显示使用者的身份和地位，会堂而皇之的将款识刻印在显眼的位置。若为证明工匠和作坊也会署上数码和名号。而在器物的内底用高超的隐形技术标示出官字款令人匪夷所思，更让当代人不可想象……"当读此信息时，恰好本人亦收藏有类似器皿，遂对着光线仔细端详起来，不知是因为观察不得法，或是其它原因，始终没有遭遇让人心跳的"邂逅"，暂就难以判定系属于共性特点或属偶发现象。

粉盒岂止饰佳丽

本人还收藏有另一类型的柴瓷粉盒，透过盖上镂刻的凤凰纹饰，内里凸现呈弧形排列的一行阳文小篆，邀请了家乡人兄帮忙辨认，是为"官粉饰佳丽，珍盒赠贵人"拾字。

吾国早在公元前11世纪的商代，就有"纣烧铅作粉"的记载。周文王时，女人敷铅粉亦不足奇。《神农本草经》中专门提到了铅丹和铅锡，铅粉又被称为光粉、定粉、白粉、胡粉、水粉、官粉，敷面后附着力强。"官粉"一词曾出现于赵树理小说《小二黑结婚》中，此间写道："三仙姑也暗暗猜透大家的心事，衣服穿得更新鲜，头发梳得更光滑，首饰擦得更明，官粉搽得更匀。"由此说来，"官粉"不仅入药，还常被当作化妆品来使用。"珍盒"既为珍，当然不是一般人家所随意享用的了。其次，"赠贵人"一句说明它或曾作为嫔妃之间的交流赠品，或被达官显贵赐予佳人的礼物。

后周显德年间，谦和有教养的宣懿符皇后，在朝野内外口碑极佳，这不仅是因为她每临大事所表现出的从容淡定，及至到周世宗登基之后，每每会在一旁劝言，以避免"禀性伤于太察，用刑失于太峻"的夫君，会因过失而影响政局人心。家之良妻，犹国之良相，唐文德长孙皇后、后周世宗符皇后，延至明洪武年间的马皇后，此三位似可成为历朝贤妻良后的楷模。巧的是后来的宋太宗懿德符皇后，与宣懿符皇后系出同门，两人均为后晋节度使、魏王符彦卿之女。亦即是说，郭荣与赵匡义系属于"连襟"。遥忆当年，姐妹之间定会是走动甚勤的，互赠珍奇乃属于常理，粉盒在后宫中所起的作用，想必远不止于"饰佳丽"那样单纯的罢！

柴窑结缘玉箸篆

　　习惯上人们把籀文称为大篆，秦文专指小篆。秦文是沿袭西周的文化传统，在"金文"、"籀文"的基础上发展起来的，后人常用"小篆"代称之，与大篆相区别。战国时代，列国割据，各国文字字体相当复杂，秦始皇统一后实施"书同文"，废除六国文字中与秦文字不同的形体，李斯等人在籀文的基础上删繁就简而创制秦篆。秦篆文体线条圆匀，为后来楷、隶、行、草诸书的变革奠定了基石，是汉文字发展史上的一个里程碑。秦篆的风貌，尚可由现存的《泰山刻石》、《琅琊台刻石》及权量铭文等遗物中得以见之，由于字呈竖势，左右相对称，笔划较纤细，给人以挺拔秀丽的感觉，又有"玉箸篆"之美称。

　　鉴藏柴窑瓷器，会让人们真切地认识到，尽管自西汉末年（约公元 8 年）之后，小篆已经逐渐被笔划简单、便于书写的隶书所取代，但是直至晚唐五代时期的官方文书上，仍然得到持久沿用。究其因，或是由于其字体优美，为历朝历代的文人所青睐；或是因为形迹奇古，用于官印制作上便于防伪；或是可与楷书对应自成一派，得以彰显官体文字的高雅亦未可知晓。但几乎甫定，柴唐式、柴周式既然贵为贡器，隶属于进御器物，在其上面凸现"玉箸篆"，也就为今人所可以接受了。同时，也为辨识与解读晚唐时期的柴窑历史文化，敞开了一扇明亮的窗户。

奇文共赏度中秋

　　仔细浏览古陶瓷上的文字，是一件足以让人陶醉的事情。吾们可以藉此体察古人的生存状况，触摸其内心世界，附带还有助于了解语言文字的变迁史。出于上述原因，当初从小贩手中挑选器物时，此件六棱长颈瓶即被先期收入囊中。

　　该瓶体上面凸显出两行诗文：兰菊相从斗寒霜，月竹共处度炎日。对照映于旁侧的浮雕图案，这里的"月"非指中秋赏月的月亮，而是指花期长达半年之久的月季，当今有如郑州、许昌、焦作、长治、运城等大中城市，均赋予它"市花"的称谓，可见月季一直以来，都深受着中原地方人们的喜爱。人是有语言的动物，语言又反过来规范着人们的生活。这两句诗词，对仗工整，意境开阔。它让人领悟到，四时风物总是依承着气候变化，来充分地展现其独特的自然风貌。同时，诗中还将这些花卉植物人格化，赋予其可贵的精神品质。吾们中华文化的前辈们在其行文中，总是习惯于将文章语言风物化，自然景construction随即也都成了理念化的风物，似水乳交融一般，达成了两者完美结合，这种天人合一的博大襟怀为世世代代的子孙所尊崇。

　　关乎兰与月的诗句，出自于历史上哪位隽良之手呢？眼下似已无从追寻了。当然，这并无妨碍人们从中感受其隽永的文化魅力。当年陶渊明所作《移居》诗中，有"邻曲时时来，抗言谈在昔；奇文共欣赏，疑义相与析"之句，意思是讲邻居们常来畅言过往的旧事，见有好文章时大家便一同欣赏，遇到有疑难处，大伙儿一起共同钻研。全然没有后人引用时所带有的奚落与讥讽的成份。适逢中秋月圆，特将此柴器奉献出来，与天下瓷友们共赏。

柴周经瓶罕难遇

　　经瓶，是古人对于当今梅瓶的称呼。宋朝民间生产的经瓶，多数都是用来盛装酒液的，在大小酒肆里随时可以见到。到了明清时期，经瓶作为酒具的功能式微，御窑厂所生产的各式各样的经瓶，造型优美的成为了进御宫廷的陈设品。

　　为什么这种形制的瓶会被称为经瓶呢？据有人考证：宋代皇帝特设讲经制度，每年的二月至端午节，八月到冬至节为讲经期，请熟悉四书五经的翰林侍讲学士等开设讲筵（逢单日为皇帝讲）轮流讲读。这种讲经制度，一直延续到明清时期。讲经结束后，皇帝通常要设宴款待执行讲官及参与活动的官僚，以示君臣互学、团结友善。因此，由这种讲经制度派生出了讲筵用酒，产生出一种特殊的酒文化，及至到了后来，讲经的筵席也演变成了酒宴的代称，经瓶亦由此产生。成书于上世纪二十年代的《饮流斋说瓷》的作者，在缺乏详细考证的情形下，把经瓶杜撰成为"梅瓶"，误将盛酒用具，判定成了专门用以插放梅花之瓶，以至以讹传讹，直到今日。

　　北方画家秦建川兄，网名叫作"柴窑王子"，他收藏有一件柴周式经瓶，这种小口、短颈、丰肩、圈足的瓶式，瓶身上模印了一株菊花，浅浮雕图案占了大半个瓶身。类似经瓶，迄今尚未发见过第二只，实为稀有难遇。有鉴于它将经瓶的产生时间提早到了晚唐五代，有必要在此予以专门介绍与著述。

俗讲变文待人寻

百善孝当头，孝道在中国历来被奉为人生最高价值标准。"涌泉跃鲤"、"孝感动天"两则故事均出自于《二十四孝》中。而当它们以图文并茂的形式，映象到了柴周式器物上时，又着实会让人产生困惑。

中国人为孝子作传，到了唐代后期较为典型的，就要算是编辑《二十四孝》了。过去人们误将《二十四孝》的作者说成是元代郭居敬等人，其实《二十四孝》之名，最早见于《故圆鉴大师二十四孝押座文》里，这篇宣扬佛教思想的唱词，原被封藏于敦煌石窟密室中，清末时分被人劫往国外，现仍保存在伦敦大英博物馆。"押座文"乃是讲经前的催声，相当于法师开讲之前的引子。据考证，圆鉴大师的这篇用于"俗讲"的变文，时间约在公元900年前后。

目前国内所见最早的《二十四孝》，为南宋末年宋太祖十一世孙、著名书画家赵孟坚所编的《赵子固二十四孝书画合璧》，此系宝蕴楼藏版，盖有"乾隆御览之宝"印款。有人指出，郭居敬曾经为每一位孝子配了一首五言绝句，书名即为《全相二十四孝诗选》。

柴周式孝感瓶上面所显现的五言绝句，到底系属于宋、元时代的人所配诗文，还是摘录于唐时佛教讲唱体的文献中，它直接关联到对该类柴器作出真赝判定和断代依怙。换言之，现今存放于伦敦大英博物馆中的《故圆鉴大师二十四孝押座文》中，究竟有无柴周式器皿上的相关诗句，也就成为了时下柴友们关注的焦点。

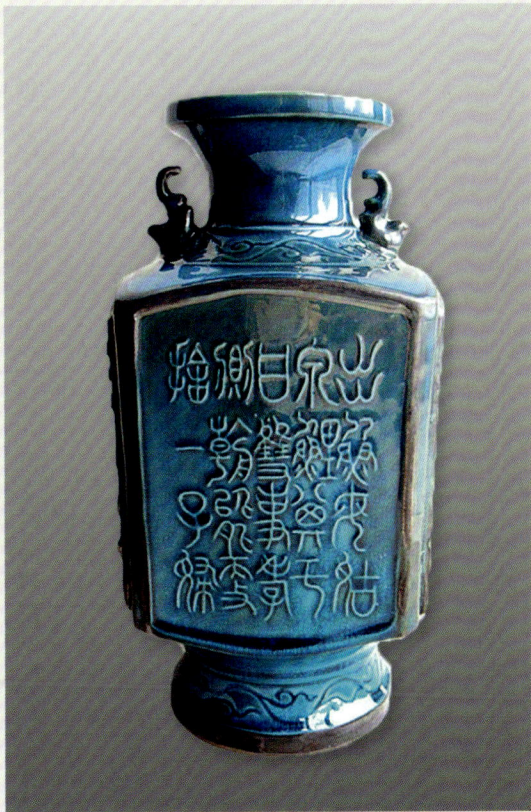

和合二仙情谊长

　　和合二仙,至少有两种以上版本。其一,相传寒山、拾得同居北方某远村,虽异姓而亲如弟兄。寒山年略长,与拾得两人共爱一女,而寒山不知临婚始知,乃弃家去江南苏州削发为僧,结庵修行。拾得亦往觅寒山,探知寒山住地后,乃折一盛开荷花前往礼之;寒山见拾得来,急持一盛斋饭之盒出迎。二人喜极,相向而舞,遂俱为僧。其二,另传当年寒山与拾德同在国清寺当厨僧,俩人朝夕相处亲密无间,时常一起吟诗答对,后人曾经将二人所赋诗词汇编成《寒山子集》三卷,流行于世。唐贞观年间,国清寺易名成为今天的寒山寺。和合二人和睦友爱的故事,经过民间的长期流传,也辗转成了掌管婚姻恋爱之喜神,人物形象也随之发生了诸多的变化。

　　仔细观察此对身着古代服饰的圆雕人物,童男头顶三撮毛,童女扎着丫角髻,胖乎乎的脸上洋溢着欢笑,他们各自双手拿握的物品,分别为饱含吉祥寓意的蝙蝠、元宝、桃枝和并蒂莲。俩位童子的脖子上都佩戴着同心锁,与之陪伴侬依身边的还有鹤与鹿,表达了永结同心、百年好合的祈福,突显了"和合二仙"系主婚嫁之神。"和合二仙"的问世,将以往"自宋代开始祭祀作和合神"的说法作了前移。同时也反映出当年烧制的柴周式器物,并不单纯专为进御所用,或曾面向市井生活,成为殷实人家争相供奉的陈设佳器咯。

　　鉴于此件柴瓷作品兼具陶瓷考古和民俗研究的双重价值,兴之所至,借花献佛,凑成一句顺口溜:春有百花秋望月,夏有凉风冬听雪;拾得寒山五般若,便契人间好时节。

蒲芦蔓带成上品

　　葫芦瓶在历代陶瓷中都可以见到，柴周式葫芦瓶的特点是器形扁平，带一蒂形小盖，底有连座烘托，两面开光处皆有镂空雕饰的动物花卉图案，显得端庄又雅致。在家赋闲赏玩时，偶尔同内子发生争执，因为镂空处的动物，很难辨别它到底是一只小狼或是兔子。主张小狼一说，缘于其尾长；说是兔子，那是要看它朝上支楞着的长耳朵。争执的结果，如同在线探讨柴窑存在与否以及作真伪判定一样，各抒己见后，却等候不来"终审裁判"。

　　葫芦又称"蒲芦"，"福禄"是其谐音，枝茎称为"蔓带"，谐音为"万代"，故而"蒲芦蔓带"谐音也就成了"福禄万代"。 葫芦里通常携带种子，所以人们把葫芦视为人类"繁殖生育"的吉祥物，视为大吉大利的象征，葫芦与它的茎叶一起被赋予"子孙万代"的内涵。由于葫芦同时具备了"福禄吉祥"、"多子多福"、"健康长寿"等喻义，也就成了源远流长的祥瑞文化的象征，成了保宅护家、驱魔辟邪的灵物而倍受尊崇。

　　在民间神话里，葫芦总是与神仙和英雄结为伴侣，如象八仙之一的铁拐李、寿星南极老人、济公和尚等，一个个身背葫芦或腰悬葫芦的神仙、神医形象，不断地闪现在人们的脑海中。上世纪八十年代中期热播的动画片《葫芦兄弟》中的葫芦娃，曾经受到八零后一代的喜爱。流传广泛的风水文化，认为此物可以用来化煞挡灾、调整气场，可以在五行不利时用来转换风水布局，起到化病消灾、强身壮体的神奇功效。从古到今，葫芦俨然早已成了人们观赏、收藏和实用的上佳礼品。

但瞧凤头双鹦尊

　　远在沈阳的云外客兄，曾经在线张贴过一件珍藏"柴周式凤头双鹦尊"。这里特将其发言摘录于此，以飨同好：翻开中国陶瓷史，没有被认识和确定的两个迷，就是后周柴窑和北宋官窑。那么，请研究瓷器的专家、学者、藏家、反对者等等任何人，对照历代瓷器，包括今天的仿造的窑也好，出现的这种镂空薄胎、蓝宝石釉、绿豆糕色的胎底、圆球式的支钉痕、底款写着"大周"和前代也没有，后代也无的"卐柴款"等等，一些独一无二的特征的瓷器，有谁能说一说，它是出自于哪个年代、哪个窑的呢？包括说是现代出的也行，举证又在哪里呢？从唐代到现代，每个窑口的名瓷，想必大家都能倒背如流了吧，返观这种瓷器，要么是现代品，要么就是后周柴窑，谁还会有第三种选择吗？……我预言此书（指《南辛赏柴》）将是柴窑研究领域的里程碑。高兴之余，再发一件后周柴窑重器表示热烈的祝贺！

　　记得当年一经看到云兄将此大珍图片贴出来，禁不住内生喜悦，即兴创作一首题为《贺云兄得宝兼训某自诩泰斗者》，现予稍加删改后留此存照，有诗赞云：遥看蟠桃挂树身，更见登枝喜临门；福瑞吉祥传承久，海屋筹添现瓷珍。妄称泰斗未足训，秦州寻源亦堪怜；后生欲揭千年谜，但瞧凤头双鹦尊。

莺歌燕舞几时回

　　观赏此柴周式转经轮香熏炉，大脑中浮现出来的意象，象似面对一个稍许变形了的地球仪，器物虽然不大，其上镂雕的动物可不少，有空中飞的，也有地上窜的，简直成了生机盎然的动物世界！耳边顿时回响起《沁园春·长沙》中的一段诗词："……鹰击长空，鱼翔浅底，万类霜天竞自由。怅寥廓，问苍茫大地，谁主沉浮？"。

　　记忆中少小时节看到描绘有神龙架自然风光的图片，一泓清池边，有几只野鹿饮水，和煦阳光穿过树林的缝隙……面对那静谧温馨的情景曾经泛起过无尽的思旋。后工业时代的降临，使得主宰地球命运的人类，早已漠视了对于未来的美好憧憬。有人将城市森林比作一座城市的"肺"。依此类推，全球最著名的南美洲亚马逊热带雨林地区，恐怕称得上是"地球之肺"了。据悉，这里每公顷热带雨林面积所拥有的植被数量，超过了欧洲植被数量之总和，每一种热带动物和昆虫，都能够在此处找到其代表……令人遗憾的是，这种动植物大聚会的热闹场面未必会持续下去。科学家采用数据模型分析，确认亚马逊热带雨林再过卅年左右，就将达到"无法挽回局面"的悲惨境地。也即是说，作为"地球之肺"称誉的巴西热带雨林，其消失速度之快将大大超过人们先前的预期。

　　全球气候变暖，极端性灾害频发，发展低碳经济成了现今时事热点。假如咱们人类再不采取统一对策应对日益吃紧的环境危机，真要到了无法收拾的地步，哪里还有"莺歌燕舞"场景供人们去品味欣赏、细致刻画呢？！祈愿眼前这件柴器，能够象承载兆亿六字真言的电动转经轮不舍昼夜地旋转开来，让岌岌可危的人类生存环境得到转化，宁静庄严利乐有情。

意欲何为设釜旗

　　体育赛事上给优胜者颁奖,早在 3000 年前的西周就曾经出现过。现藏于河南博物院、系属国家一级文物、酷似体育奖杯、名为"柞伯簋"的器皿,即是"射礼"的优胜者柞伯,以周王奖赏的红铜作原材料,所铸造出的、带有纪念性质的铜簋。

　　"柞伯簋"不仅具有高超艺术价值,其簋内底部所铸刻的 74 字铭文,更成了研究古代射礼制度的珍贵文献。在《诗经·小雅·宾之初筵》中,对于远古射礼曾经生动描述过:"钟鼓既设,举醻逸逸。大侯既抗,弓矢斯张。射夫既同,献尔发功。"大意是讲,摆设起钟鼓乐器,大家举杯饮酒,然后张挂起靶子来,拉开弓弦开始射箭。保存完好的战国宴乐纹壶上,那些宴饮、乐舞、射礼的连续场面,就是对于古代射礼制度的最好反映。

　　眼前这件柴周式,可否称作"柞伯簋"的瓷版本。首先,较之青铜原型的创新,在于它在器身上部,流畅地镂雕了缠枝牡丹花纹饰,令人感受到撞击心灵的华丽之美;其次,它特地将对称性的象鼻式拎耳,安排在了器物下部,加上连带着的三足支座,既抬高了器身,又为之增添了一副昂扬之美。在此戏说一句:在后周皇帝柴荣摄政时期,假若有射礼宴饮一类的庆典活动在举行,那么眼前这件柴周式,会否被当年用来作为纪念性奖项,来颁发给那些参与竞技的优胜者呢?

战略合作有或无

　　柴窑与定窑曾经发布过联合广告，这是一位瓷友的考古新发现。起先充满了疑惑，及至阅读了冯先铭先生论及唐长沙窑的著述，其间引用了"卞家小口天下有名"、"郑家小口天下第一"的文字，方才认为或许确有其事！唐代，正值陶瓷业普及的历史时期，各地方都涌现了一些成熟瓷窑，商业竞争业已奏响。江浙余姚的越窑系以青瓷著称，冀中内丘的邢窑以白瓷取胜，南方长沙窑则以釉下彩绘瓷而独步一时。当历史翻到了五代后周这一章，此时内乱消停，政局初定，工商业得以恢复和发展。在这样的时代背景下，在柴窑作品祭出一句：花之瓷，柴为先；艺之佳，定为首。或许并不会使人感到突兀。

　　如何诠释此广告语，中国科学院成都分院的周永富柴友解释如下："印花、刻花，柴窑瓷器在行内领先；工艺精美，定窑瓷器在业内居首"。在此，余拟发表另一种赏析观点供业界商榷：卓越精湛的印花、刻花、镂空、贴塑装饰技法，将柴器制作水准业已提升到了陶瓷界的领先地位；鉴于其作品的综合审美已臻一流，稳操胜券自不待言！

　　一言以蔽之，关键是对此处"定"字语义的把握上。它未必系"定窑"的特指，或只包括了"一定"的意蕴在内。作为贡瓷作坊，去与远在北方的定窑搞联营，其可能性微乎其微。而仁兄所举证的、与之相匹配的形似定器，是否为今人游戏之作，尚有待于费功夫去查明。

华瓷镂空探源流

　　农历庚寅年癸未月，文物网文博论坛上举办过一期"鉴宝PK台"，余在线上传了一篇"后周柴窑镂空孔雀牡丹图纹尊"的图文。届时有网友跟帖言称：昏昏然如坠五里云雾，滑天下之大稽！紧接着，又有人发问：定柴瓷有何依据？柴瓷是以釉色为美，何须镂空雕？镂空雕成于何时？

　　一晃两、三年时间过去了，检索过往的旧帖，似感有必要针对其提问，试作一番答复。

　　根据余对"柴三式"的鉴藏考证，柴周式在同一时代的瓷窑中，并非单纯系以釉色闻名遐迩，还曾经以其精湛的陶瓷装饰笑傲于江湖。迄今为止，所发现的柴唐式，大都能在器表上发见占面不等的镂空装饰。柴唐式连同柴周式，均以此作为表现、渲染主题的重要手段，究其因在于

彰显其难度大和制作精，可以满足上层人士对于高档陶瓷的审美追求。柴唐式先而导之，必然对尾随而至的柴周式产生传承影响。今天从事柴窑鉴藏的人，能够发现相当数量的柴周式镂雕作品，就是一个明证。

通过对于馆藏品的考查了解，在陶瓷器皿上作出镂空雕饰发轫于战国原始青瓷。到了大唐时代，柴窑器物的镂空装饰，大胆创新了复合吊胆式设计，在后周广顺、显德年间，又得到进一步的推广应用，曾被贯以"花之瓷"名，称誉于以汴梁城作为京都的广大中原地区。

世宗遗物玻璨母

作为柴瓷发烧友之一的家乡人兄，于宋人蔡绦所撰《铁围山丛谈》中，发现有关记载，旋即发来图文资料同余相交流，审视后如获至宝，特辑录于此，与同好师友们共赏。

丛谈归属于宋人笔记类，被史学者称为"说部中之佳本"而受到珍视，它对太祖建隆至高宗绍兴约200年间的朝廷掌故、琐闻轶事，记载详尽且具体。蔡绦身为蔡京的季子，跻身士林，久值禁中而博闻广见，被贬后又接触到了社会下层。所以，书中所载多有可取之处。据《铁围山丛谈》记载："奉宸库者，祖宗之珍藏也。政和四年，太上始自揽权纲，不欲付诸臣下，因踵艺祖故事，检察内诸司。于是乘舆御马，而从以杖直焉。大内中诸司局大骇惧，凡数日而止。因是，并奉宸俱入内藏库。"

余尤对下述文字感到欢欣鼓舞："时于奉宸中得龙涎香二，琉璃缶、玻璨母二大筐。玻璨母者，若今之铁滓，然块大小犹儿拳，人莫知其用。又岁久无籍，且不知其所从来。或云柴世宗显德间大食所贡，又谓真庙朝物也。玻璨母，诸珰以意用火煅而模写之，但能作珂子状，青红黄白随其色，而不克自必也。"值得庆幸，后周柴世宗显德年间由大食（古国名，今伊朗高原西南）所贡的"真庙朝物"玻璨母者，现今于陕西历史博物馆中仍能寻觅其踪影。联想到《南窑笔记》中的有关记载，或许可为柴周式釉表成分的来源，提供了一条事半功倍的破译捷径。

何年安石贡榴花

观察是认识事物的基础，亦是鉴藏考古取得成效的关键之所在。只要深入细致地观察，就会不断得到新的发现，观察可以有初次、再次和反复观察，有表面观察和深层次观察，有单一

观察和关联性观察，有个体观察和群体性观察，如此等等。

　　根据对上世纪八十年代中期在西安东郊隋寺院主持墓中出土的琉璃棋子的图片反复审视后，似可概括出以下要点：柴周式中的海玳瑁色器物，同孔雀蓝、豌豆青类作品一样，其陶装表面所用釉药如出一辙，即收存金玉珠宝的内藏库中之玻璆母者。这些先朝遗传下来，以供皇权贵族和士大夫们赏玩，以及寺庙供佛之需的琉璃玛瑙金石珠翠一类，或系出自葱岭以西诸藩属国所纳贡品，或源于隋唐帝国与西亚之间商贸往来之遗物。这里特将相关图片张贴于此，接受高古陶瓷鉴藏界的侠博士们给予评判与质询。

　　清代无名氏的《南窑笔记》提起过一个关键性环节："柴窑，周武（显）德年间宝库火，玻璃玛瑙诸金石烧结一处，因令作釉"，"武德"作为唐高祖的第一个年号，前面却贯以"周"字实在荒谬，显系笔误所致，有必要将其更正过来。那么在显德年间，因内藏库发生大火，将玻璃玛瑙诸金石烧结一处，被柴荣发见后，指令作为装饰御窑贡器的釉药去使用，一方面折射出周世宗崇尚节俭的一贯作风，另一方面，也反映了打小参与过南北贩运的他，早已谙熟于瓷器生产的工艺。灵光乍现的"创新"举措，碰巧成了一条导火索，引发了柴瓷釉表装饰上的一次重大变革。

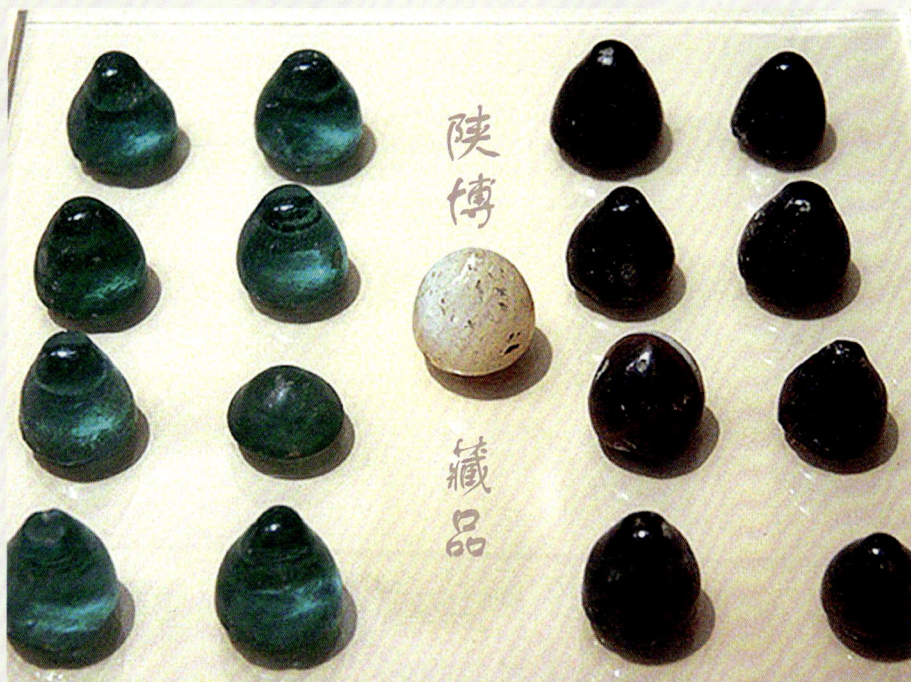

柴周淹留玳瑁紫

　　著名学者傅斯年故里，有一柴友号称家乡人者撰写过一篇《玳瑁——柴窑中的极品色》，专门述及柴周式中稀有的玳瑁色品种，立意新奇，经提纯后粘贴于此，以供同仁赏析。

　　文章称：柴窑器物的颜色来自于人们的特殊喜好，这些可从博物馆实物资料和史料研究中寻找到相关证据，曾经有人在论及唐代服饰色彩时指出："唐代色彩观念从萌芽到发展总是与当时的生产力水平、文化状态、宗教信仰程度密切相关的，红色被认为是象征着生命、热烈、高贵、喜庆常被达官贵人应用"，海玳瑁色服饰在唐朝墓葬壁画中占有相当大的比重。一个有意思的现象是，为大家所熟悉的《全唐诗》中，共有72处提及"玳瑁"，诸如："珠帘玳瑁钩"、"羞褰玳瑁床"、"芬芳玳瑁筵"、"园花玳瑁斑"、"玳瑁筵中怀里醉"、"玳瑁头簪白角冠"、"玳瑁帘中别作春"、"醉舞雄王玳瑁床"、"海燕双栖玳瑁梁"、"玳瑁昔称华，玲珑薄绛纱"、"寒尽鸳鸯被，春生玳瑁床"等称谓，如缀串珠，比比皆是。

　　《清异录（宋）》中，也有有关玳瑁的记载，有如"斑希（即玳瑁）宜授点花使者"。玳瑁色，近乎紫衣色，"紫衣"系专指古人官服，春秋战国时的国君最早服用紫，到了南北朝，紫衣更成了显贵一族的公服，故有朱紫、金紫之类称呼。见之于吏部文章，有唐人韩昌黎的《李公墓志铭》中"天子使贵人持紫衣金鱼以赐，居三年州称治"之句。反映民间传说的，有清人《铃记》所载"吴塘东，吴塘西，玉兔对金鸡，代代出紫衣"云云。

　　上述种种，使得吾们有理由确信，玳瑁色是为古人欣赏的色调之一。即使不将乾隆《咏柴窑枕》中的那句"色如海玳瑁"一语引为佐证。下图为雨辰斋藏品。

细部比较显端倪

　　钧瓷是吾国宋代五大名窑瓷器之一，它以独特的窑变艺术而著称于世，素有"黄金有价钧无价"和"家有万贯，不如钧瓷一件"的美誉，是河南省独有的国宝瓷器，凭借其古朴的造型、精湛的工艺、复杂的配釉、"入窑一色出窑万彩"、"釉具五色，艳丽绝伦"而独树一帜。古人曾用"夕阳紫翠忽成岚"等诗句来形容钧瓷釉色的变幻莫测。传统钧瓷瑰丽多姿，玫瑰紫、海棠红、茄皮紫、鸡血红、葡萄紫、朱砂红、葱翠青……釉中红里透紫、紫里藏青、青中寓白、白里泛青，可谓纷彩争艳。釉质乳光晶莹，肥厚玉润，类翠似玉赛玛瑙，有巧夺天工之大美。

　　"大河图片"特邀摄影师任红兵，用特制镜头拍摄了一组钧瓷釉色的细部，其惊人美艳为厚重的钧瓷文化添色不少。参见2011年《任红兵摄影作品欣赏 钧瓷釉色》。余摘录了其中两幅（图右），与自行拍摄的玳瑁色柴周式的细部图（图左）摆放在一起，通过对比审视，从中可以发现一些端倪。

　　首先，只有在古陶瓷上才会出现诸如松针、菊花、米粒或是冰霜状的旧器征貌，柴瓷与钧瓷作品上的次生晶体显像，明显具有趋同性，这即为柴周式断代提供了作为依怙的旁证。而先前人们所普遍认为的、由宋代首创的釉中加入适度铜金属，烧成美如晚霞一般的玫瑰紫、海棠红等紫红色釉的历史，也需要往前推进至五代末期去认识。其次，通过观赏两者施釉效果，似可寻找到柴周式与钧窑瓷之间所具有的某种渊源，最起码是两者烧造方位相毗邻，同在大河以南辖域。当然，这里只是附带对于柴周式窑址进行一番研判，柴唐式窑址另当别论，亦与后面将要提到的柴宋式窑址没有太大关系。

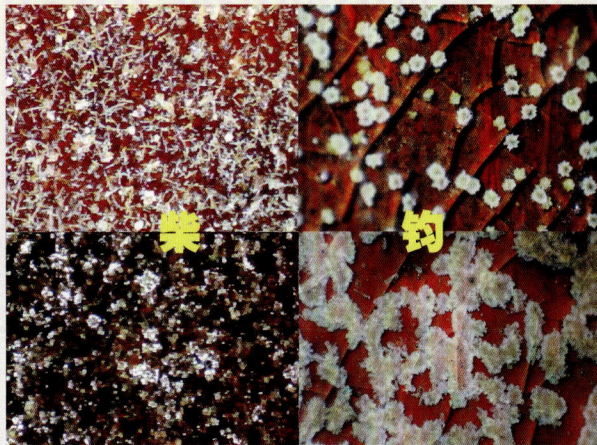

雨过天青非复色

　　希望"雨过天青"瓷是复色的柴友，纯粹耽于一种主观臆测。道理很简单，从来没有哪一位古人曾经那么说过。若是有不信者，用心查阅一下相关文献记载，自然就会明白。

　　翻阅记载柴窑的文献，引证较多的当属明代曹昭在洪武年间撰写、并于明中期由王佐增补的《格古要论》，其次是在黄一正的《事物绀珠》中记有"制精色异，为诸窑之冠"，张应文的《清秘藏》记有："论窑器必曰柴、汝、官、哥、定，柴不可得矣。闻其制云：'青如天，明如镜，薄如纸，声如磬'。此必亲见，故论之如是"，谢肇淛的《五杂俎》，是古代文人笔记小说中第一部记载"所司清其色"和周世宗"御批"的古文献；到了清代，值得参考的无名氏《南窑笔记》中记载有："柴窑，周武德年间宝库火，玻璃、玛瑙、诸金石烧结一处，因令作釉。其釉色青如天，明如镜，薄如纸，响如磬。其妙四如，造于汝州，瓷值千金。"里面记叙了柴窑釉药的成分及产地，另有清代刘体仁的《七颂堂识小录》记有其亲眼所见："柴窑无完器，近复稍稍出焉，布庵见示一洗，圆而椭，面径七寸，黝然深沉，光色不定，'雨后青天'未足形容，布庵曰：'予目之为绛霄'"；此外，清乾隆皇帝把玩宫中所藏柴窑器物时曾经留下几首诗，再次应证了文献中的记载，同时也对上述文献未谈到的作了补充，如指出所见柴窑枕"色如海玳瑁"或"过雨天青色"等，数枚柴窑碗"都为黑色无青色"，大多属于以往文献中所未曾见者。

　　在鉴藏考古实践中，人们发现柴周式类型中，在以孔雀蓝釉色作为其基本面之外，还存有为数稀少的玳瑁、豆青（或称虾青）色作品。但是，在所有古文献中，均无一处提到过柴器具有复色特征，更没有提到有厚胎品种。末了，再问客官：尔等若要自行主张，如果缺少实证支撑，焉能在大庭广众的考证博奕中立得稳阵脚焉？！

豆青色稀有柴周式 十二生肖

古人懂 藏

嘤鸣求友吐心声

有玩友竟然把一件柴瓷真品，也当成了"我吃的药"来作展示，他同时还指出"光凭'青如天，明如镜，薄如纸，声如磬'这四个特征不能断定柴窑！这假柴窑很轻很薄，风吹即倒，纹也细媚，可有其作旧痕迹。"此帖一出，便赢得雅昌高古瓷论坛一些网友喝采。本人认定其为真品，遂予以反潮流："做此旧者，乃时光老人也"。对方予以回应："俺看见一大窝这种柴瓷和这个相类似，感觉特别现代……"

所谓现代，无非是一种难以诉述的感觉罢了，个人感觉随时处于动态中间，因此对于同一件器物，鉴藏者在不同的时段，有时会要持有相反的看法。即使是两位专家，鉴定同一件文物时，囿于各自的鉴赏经验水准，产生分歧意见的事情亦时常会发生。面对当前文物鉴赏界的混沌态势，曾经有人指出："一批批地下埋藏物，遇上时机面世了，国内的上百位专家，几十万收藏界人士，直到现在也没弄明白，最为典型的事例就要数元青花了！"

依余看来，在文物鉴藏论域内想要拿到经由国家论证的相关职称，或许并不算太难，报名参加由名牌大学所举办的高级研修班，接受一段时期的专业培训，再经由相关部门考核合格即可拿到资质证书。而比这难得多的是获得鉴赏实践真知灼见，除了潜心于理论知识的学习而外，还必须结合个人实践，在广泛交流的基础上形成独立思考的习惯，须在其间浸淫、磨砺若干年，并须缴纳学费后能取得许多成果。面对高古陶瓷领域里的翘楚－－柴窑瓷器，恐怕就更得如此了。在此列举出柴周式的三种基本色调，另有一类虾青色亦属罕遇之物。假如发现了形式类同，但釉色却超出了上述范畴者，眼下就需要打上问号了。

柴周式的三种基本色

孔雀蓝　　　　海玳瑁　　　　豆青色

假作真时真亦假

　　河南禹州市西南 30 公里的神垕镇，被称为"钧瓷之乡"，也是国内高古陶瓷作伪水平最高的场所之一。在邻次接毗的店铺货架上，琳琅满目地摆放着仿五大名窑器作。有些前店后厂里不仅摆放有仿品，也还摆着褪掉釉表浮光的常规武器。你若选择一高处登临向下眺望，周遭的景象尽收于眼底，无论是山坡或谷地，有无数的陶瓷作坊隐匿于青绿之中，其间不乏挂有荣誉称号的制瓷名师。这里的许多家庭式作坊，通常备有电烤炉或松木材，房前屋后堆满了各式仿古瓷。

　　当一般性的仿品看得腻了，难免产生疑惑：如此粗制滥造的东东，它真的会有销路么？！后经有知情人介绍，市面上那些流行货通常走的是低端路线，"好东西"很少会拿到市面销售，厂家会要根据其所认识了解的买方朋友的订单，按需去组织生产。等待出窑时才通知前来验货装运。余曾经从熟人那儿得到消息，说是江西某瓷庄老板要来神垕提货，随即便赶往产地现场，经人斡旋，从装运处取来了几件样品，终于见识到了庐山真面目。仿制古瓷活动，俨然成了神垕人不可或缺的"生意经"。人们通常要耗费成本去做前期功课，即参考搜集来的古陶瓷原型及照片等，从造型、瓷胎、釉料成分、画工到风格，完全按古陶瓷原型 1:1 进行还原，并聘请拥有丰富经验、懂技术的把桩师傅掌握火候，并在做旧处理上精益求精，通过一步步的克难攻关，几可乱真的仿古陶瓷就这样面世了。

　　余衷心期待，仿古厂家通过张贴出各自标识来开展竞争，高档次的仿制品理当受到社会各界的尊重，这样既不至于让人们失去了谋生的手段，也使得古老的陶瓷文化能够得以传承下去，同时亦藉此充分满足社会多方面的需求。

周柴断真亮数招

在此列出的鉴赏要诀，是专门针对柴周式（不包含过渡瓷作品）的。其间，既借鉴了同好们经验，也有纯粹个人摸索的识别心得，但愿它能够起到"一剑封喉"的实际效果。

一是看宝光，这里系指介于器身的孔雀蓝正色与黑斑之间通常会有一过渡带，在此位置衍生出为柴周式所独具的一种"珠光宝气"，夺目光彩由此弥漫至整副器表，让人隔着数米远的距离也能为其所吸引，此处的自然神韵及光感变化，其微妙实难用文字予以描述，或许只有那些见识过真品的柴友们，方能对此番要领默契神会咯。

二是察底胎，真品露胎处均带有如绿豆糕色一般的混杂色，少有单纯白胎的情形显现，等待积累到一些鉴赏实践经验后，寻找到两者之间的差异其实也并非困难。

三是看烟尘，由于柴周式的烧成或曾经以煤炭作为燃料（此处不排除以带油性的松木柴作为燃料的可能），故通常会在器物釉表上留下一些黑色烟尘来，它们积聚于器表不易擦拭到的低洼或是折角处，尤其是依附在不方便擦拭的复合式内胆表面，目测似有些微高出。

四是在对孔雀蓝柴器所带黑斑边缘处放大观察时，可见形态各异的菊花、松针、冰莛一类的次生结晶，或是因受沁所产生的石花斑、饭糁斑等化学物理迹象。

五是采用能量色散 X 射线荧光分析法对比测试，可以测出真品釉面中含铜元素较高，通常徘徊于 3.3 ~ 6.6% 间，铁元素 0.3% 左右，铜铁比(Cu/Fe)>10%，在仿制品中尚未检测出含有铁成份，氧化铜含量不及 3%，铜铁比值显著偏低。此外，真品所含钠元素维持在 5% 上下，而仿品釉表中的钠成份还不到 3%。

上述前三点，遵循传统眼学以方便收藏实践操作，对于熟手已显够用。需要强调的是，借助于显微观察或是机器检测，能够清晰地发现并且分析出矿物盐游离釉表而生成的古瓷次生结晶成分等，此种征貌与现代绿釉陶瓷的微观棒条有别。传世旧器所受环境影响不一，各自特征表现迥异，需要加以综合考量，不必苛求面面俱到。

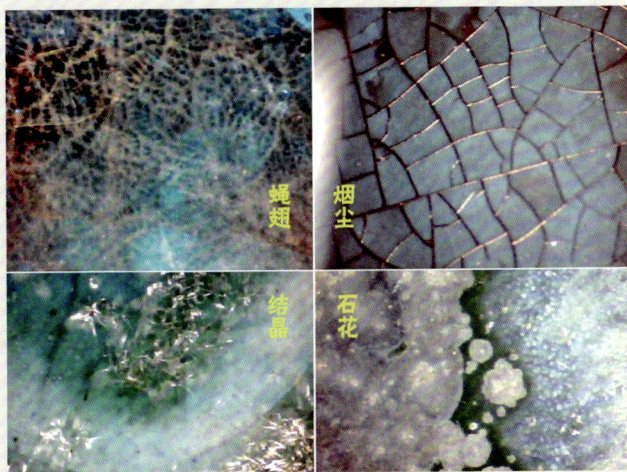

蝇翅

烟尘

结晶

石花

柴瓷上演隔代亲

　　"唐仿战国宋仿汉"、"元仿唐来明仿宋"这些知识，大凡从事过玉器鉴藏的人们，皆能通晓，尤其是因为它们是针对玉器仿古来说的。但在这其中，似乎还隐匿着某种带有规律性的东西，即"隔代遗传"现象。隔代遗传，原本属于人类遗传学的特殊现象，意思系指人的隐性基因通过后代显现出来，比如：有些遗传需要两个隐性基因才会呈现，那么下代只有一个时则不显现，当其后代再与另一个带有相同基因的结成配偶，那么再下一代，就会具备两种隐性基因，也就容易显现所谓的隔代遗传现象。

　　凭藉余的个人感觉，在柴窑瓷器的历史文化传承上，也有上述规律在起作用。撇开外在造型不议，单是从感官效果去追踪此类现象，人们不难从南宋的钧窑，元至正、明宣德、清乾隆景德镇窑，以及民国初年长沙铜官窑、云南华宁窑等绿釉瓷作上面，尚可寻觅得到让人印象深刻的孔雀兰后周柴瓷釉表的那种的美妙倩影哩！

　　又如，柴唐式的造型样式在后周柴器的众多造型中并不曾被发现过，但它却会在后周交宋时期"故态复萌"，象似一株已近枯萎的老树重新焕发出了生机。如下图中所示，如若余没有看走眼，出现在洛阳豫深古玩市场的这一件柴瓷，它所采用的单层镂空装饰技法，兴于初唐，隐于五代，又彰显于周宋相交接时。如此神秘的"隔代遗传"征候，在古文化传承中不乏其例。不妨作一大胆假设，"隔代遗传"或许普遍存在于具备承续性表现的复杂事物中，不论是自然界或是人类社会，一俟必备条件成熟时，它就会浮出水面来。

真假菩萨驻神州

　　少小时翻阅连环画《西游记》，每每会替唐僧分辨不清真假猴王干着急，南海观音菩萨念动紧箍咒分辨真假悟空，怎料两猴王都叫疼，直到真假悟空一路打斗到了天界，佛祖如来指派四大金刚上阵，六耳猕猴终于原形毕露。不曾想到，退休赋闲把玩收藏骨董，亦会遭遇乾坤颠倒似的心路历程。鉴于如今的"柴三式"器物鱼龙混杂，鉴别真伪就成为了一门必修课。为了摸清柴器的仿制，余曾经十数次前往禹州神垕等地考察。记得曾经有一次，刚从外面回到家中，因为接到"线报"的缘故，遂于次日清晨重新踏上归程。徜徉于闻名遐迩的古镇周遭，深入到私家作坊的烤炉前反复观摩，终于皇天不负有心人，对于眼下"柴三式"的仿制情况大致有所把握，同时，也对于怎么会有那么些同好陷于争议当中，有了深切的体验与理解。难怪阳光居士在线言必称："敬请远离收藏不好意思外行只能看热闹"，此类警示语实为大藏家饱经历练后的诚挚规劝。

　　余在此顺便补充一句：即使是某一领域的资深鉴藏人士，当其处在转换收藏门类的当口，十之八九都会要再次经历"吃药"的先期阶段，只不过因为之前有过经验教训，走向成熟会较之菜鸟们更加迅捷一些罢了。此处正好用得上陆游教子诗中的那句"绝知此事须躬行"，因为只有亲身淌过浑水的玩家方才心知肚明。在古玩领域，多数情形下是有假必有真，随真即现假。图中这两尊观自在菩萨，一件出自于后周交宋的当口，另一件则属于现代仿古之作，如果有人将后者当作真品兜售，那它无疑就成了作伪的赝品。古玩艺术品市场向来有真有假，自由买卖。有人说玩古会要经受滚过刀山的痛楚，要有九蒸九晒、失眠赔本的经历，那滋味比起孙悟空在太上老君八卦炉中也好不了多少。诚哉斯言也！

不过如此道屠龙

东南亚地区各国民间，自古以来流行着"拼死吃河豚"一说，讲的是河豚的内脏有剧毒，处理中如果弄破了内脏却没在意，河豚肉就会因沾染到毒液，而导致食用者中毒死亡。所以对于食品安全管理法制到位的国家，甚至要给予处理河豚的厨师颁发专业执照。由此联想起在国内鉴藏界，曾经有人形象地将赏玩古柴器作一类比——操练"屠龙技"。

《庄子·列御寇》里有记载："朱泙漫学屠龙于支离益，殚千金之家，三年技成，而无所用其巧。"译成白话就是：有人听说支离益会宰龙，心想这可是罕见的本领，于是就去拜师学艺，直至把家产折腾光了才把本领学到手。问题在于天下根本没有龙，他那绝妙本领也就无从施展了。讽喻鉴藏"柴三式"是为"屠龙技"，未必显得十分合适。但玩柴风险系数相对较高，却是不争的事实。由于标准器的缺位，柴友们不得不肩负起拓荒的使命。网上遇见有好心人劝诫道："醒醒吧，玩这路货色会要死人的！"有时便回报对方一哂："不是都讲在旧货市场上，花费一些钱便可以随便挑么，如此说来只不过耗费些银子罢了，怎就要赔上身家性命来呢？"话说回来，在一些传承既久的古镇，一波接着一波的仿古从未终止过，尤其是近卅年来，经高手所炮制出的东东，确已达到了可以假乱真的程度。当有人再将这类仿制品拿到旧货市场上当作真品出售时，无疑它们就成了伪作的赝品。

尽管如此，如果柴友们勇于尝试和善于总结，明白尽管河豚内脏有剧毒，而其肉质却异常鲜美的道理，那么拼死吃河豚所冒的风险，其实大可用CCTV主持人小崔的那句"不过如此"来予以形容了。

求神拜佛续慧命

据史书记载，赵匡胤陈桥兵变既而篡周称帝后，后周旧属叛者相继。北宋建隆元年（960年）四月，昭义节度使李筠起兵于潞州（今山西长治）；九至十一月，淮南节度使李重进亦据扬州起兵反宋。此后不久，赵匡胤亲率大军于扬州城下督军攻城，李重进内外交困，继后自焚，叛乱告平。朝野上下实施"诛重进党"等一系列举措，赵宋江山逐步趋稳。

与动乱岁月相适应的柴窑制作，同样也经历了一番生死阵痛。先前作为进御置场身份的柴窑作坊面临着解体，窑场工匠们在形势逼仄下，不得已毁弃掉柴周式的全套陶瓷模具，开始生

产出一批佛菩萨造像推向市场，以器物转型来换取生存空间。这些菩萨佛像塑造得庄重慈祥，栩栩如生，单是余所收藏的就有立式、坐式、带座式、头像式、带圆光式、三面六臂式、观音抱子式等作品，它们不仅胎轻体薄且多带有"大周"及"利刀柴"款识。为何那时节会出现这些各式各样的佛像造型呢？在中科院成都分院工作的周永富柴友，将其诠释作"物化了后周的终结和北宋的肇始"，御窑的师傅们藉此"似在向大慈大悲的观世音菩萨求助，倾述他们内心的困顿与纠结，表达他们对故国的不舍情怀"。余对此予以认同。

　　此外，或许当有另外的解释：一是后周世宗于显德二年秋九月丙寅朔"颁铜禁"之后，为填补金属祭祀礼器的空白而由朝廷专门指定窑口烧制，或是扩大贡器制式之所为。这些由陶瓷界能工巧匠所塑造出来的菩萨佛像，作为"以瓷代铜"的历史见证，成了柴周式的另一类系列作品。二是或有可能它们系属于柴唐式的传世系列，此种猜测，缘于"利刀柴"款识偶尔显露于柴唐式上（不排除系属于柴宋式），只惜眼下成份检测未能提供足够支持。那么，以上哪种解释才更加接近于历史真相呢？

拨开云雾获瓷珍

所谓过渡期柴瓷，从鉴藏考古的角度来划分，具体当指自宋太祖开国立基的前后。上面提到过的佛菩萨一类作品，如若周永富柴友主张的观点正确，当函括在这一时期内。也许是出于烧制技术的原因，或是碍于釉料来源的匮乏因素，这一时期柴窑作品已经丧失了先前为世人称美的孔雀蓝（鲜碧色）釉表，取而代之的是与汝窑瓷器保持一致的天青色。此类柴瓷作品所携带的款识，有一种见于篆体墨印"利刀柴"，一种为凸印的"大周"款，还有带墨印的"大周"款等（参见"三式款识看流变"附图），当然也有不带任何款识的。后期北宋汝窑作品的釉表配方或直接沿袭于此，故将其视为汝窑瓷的雏型、源头亦无不可。

需要提及，《南辛赏柴》著述中有"南水北调见曙光"一节，其间专门提到投资135亿元的中线工程郑州段，将为期盼已久的柴窑窑址，或是包含有柴瓷的窖藏、墓葬的发现提供契机。据近两年的所见所闻，在北方旧货市场上就能看到的此类佛像（如图所示），其中有的就出自于即将竣工的平顶山至许昌段工程（诸如郏县安良镇一带）。可惜三年前的预警性提示并未得到重视，加之现行机制等一些芜杂因素，让这一千载难逢的、发现出土柴器的历史际遇与文博考古界擦肩而过。扼腕之余亦怀抱有稍许庆幸，毕竟有人在市场上发现并收存了它们，为保护具有历史价值的先民遗珍，做出了收藏家们应有的奉献。

捷足先登者并不仅限于收藏界人士，禹州神垕的仿古指向同样地给予了"配合"，类似仿品出现的事实，使得分辨真伪再次成了收藏家必做的功课。因此建议入门级的同好，须待到积累一定经验后再下手不迟；对于那些热衷于片面之瓷的仍建议以"退避三舍"为宜，因为其釉表中所含有的锆、锌元素，足以让迷信"现代元素"的人们丧失胃口；而对于奉行实事求是理念的玩家们，把握住"昙花一现"的鉴藏际遇可谓恰逢其时！

柴宋式

赏析

⊙ "柴周式" 一语，始见于乾隆皇帝《咏汝窑瓷枕》诗中，有 "汝州建青窑，珍学柴周式" 之句，由此便衍生出了 "柴三式"：暨柴唐式、柴周式和柴宋式之统称。

句容出土柴宋式

"2011年12月23日，这是一个不平凡的日子，江苏省句容市黄梅镇某公路段工地上有不少人头窜动，走近一看，原来是大型挖掘机挖掘了一个古墓穴，因挖掘机野蛮施工，古墓已经面目全非，周围的人只能见到几片瓷片，但也有的人从挖掘上来的泥土中，也找到个别的完整器，不管是完整器也好，还是碎片也好，看上去都很漂亮，有天蓝色的、有乳白色的、也有粉红色的，但是，完整器与碎片都很薄，有的人用水清洗一下，尽管土浸明显，但依然光彩夺目，这时，掏到完整器的人大叫起来，我这个底下有字，但给了许多人看，大家都不认识这个字，晚上朋友把白天发现的情况告诉了我，并把他找到的碎片有时间带给我看，12月31日，也就是今天上午，他把瓷片带给我看了，我仔细的看了又看——这个天青色的瓷片，尽管底部有土浸，但是，"柴"字我是认识的，当时，我看到非常激动，这就是人们传说中的柴窑！"

以上内容，摘引自一位叫"华人"的瓷友所开帖。作为具备薄胎性质、带有"柴"、"官"、"蔡"、"奉华"、"皇后阁"等款识的柴宋式，较之柴唐式和柴周式有着更多存世量，这早已不是什么秘密了，只是受限于各人的收藏阅历，有人总习惯将它与柴周式混为一谈。就目前已知的柴宋式而言，釉表固然显得丰富多彩，但其基本的色调，仍与汝窑瓷保持一致。

礼用陶匏成推手

在中国历史上，北宋王朝建立后的前一百数拾年，政局稳定，社会祥和安宁，经济文化得以较快发展，陶瓷文化也有了长足进步，众所周知的五大名窑，全都在此时绽放出绚丽的光彩。汝官窑和汴京官窑从起步到走向鼎盛，更是直接受到了皇权干预的影响。

人们还从反映当时政权活动的历史文献中，发现在郊庙祭器中改用陶瓷器皿的史实，不仅在仁宗庆历七年（1047年）新修的祭器制度中得以反映，还在《永乐大典》卷五引《郊庙奉祀礼文》以及《宋朝仪注》中也有所记载，如："郊之祭也，器用陶匏，以象天地之性，樿用白木，以素为质，今郊祀簠簋尊豆皆非陶，又有龙杓，未合于礼意。请圜丘方泽正配位所设簠簋尊豆改用陶器……"到徽宗大观四年，郊祀祭器已经大量使用陶瓷器。仁宗庆历七年、神宗元丰六年、徽宗大观四年，成为北宋朝廷礼仪趋于完备的重要历史节点。

这些年来不断涌现面世的柴宋式，充分展示了自北宋朝伊始便开始烧制的柴瓷，造型式样繁芜且釉色丰富多彩。北宋一朝，历九代君主长达 167 年。从公元 960 年由宋太祖赵匡胤建立，截止到公元 1127 年政权南迁，此间柴宋式生产不仅没有中断，时不时还扬起过波澜，它集中体现地在太祖、仁宗、神宗和徽宗这几位当政时期。但总的说来，它们都与祭祀用陶的礼仪制度改革紧密相关。若是将每三个庙号划作一个历史单元，那么每一单元的柴瓷制品，均会带有其阶段性特点。

断代有据井里汶

井里汶是位于印尼西爪哇省的东部港口，滨爪哇海。德国海底寻宝者，曾于 1998 年在井里汶海域，发现过一艘阿拉伯籍古沉船"黑石号"，发现并打捞起了大量的中国瓷器、金银器和琉璃器，一度在文物考古界引起轰动。据介绍，在出水的越窑青瓷器物里，发现了一只底足上刻着"戊辰徐记造"字样、周身凸雕莲瓣的大碗。戊辰年，也就是公元 968 年。还有一件亮丽的白瓷碗内壁上，刻有"天下太平"四字，有人认为系指宋太宗赵光义登基的"太平兴国"元年（公元 976 年），有顺天承运，天下太平之寓意。它与上海博物馆所藏的一件"太平戊寅"款的越窑青瓷执壶，有异曲同工之妙。

这些珍贵的证物以及资料，为"黑石号"葬身爪哇的时间提供了可资借鉴的依据，当年触礁沉没大致可在公元 976 年前后十年内予以匡估。这是由于所装载的陶瓷或是琉璃器皿，皆属于消耗大且流转快的生活日用品。

以下归入正题，当年在清华大学古陶瓷高级研修班听课时，授课老师反复提及"同型不同

质的器物，它们通常归属于同一时代"，本着考古类型学基本理念，经与在井里汶沉船中发现的一只琉璃瓶作同型对比，由此可以推断，门子仁兄所收藏的成系列薄胎柴瓷，它们或属于宋太祖开宝元年到宋太宗太平兴国九年（968～984）近廿年间的作品，处于北宋早期这一时段的柴瓷器物，其突出特点在于其釉面裂纹明显且深入，胎釉结合紧密度不够，挂淡青色釉色者居多，通常不会带有任何款识，有些器物露胎处呈亮丽紫黑色，造型规整度不如后期作品，当年似曾作为吉礼器使用。北京长城青瓷博物馆馆长阳光居士，亦在线展示过同类藏品。

同窑同工实事谐

日积月累的鉴赏考古实践，时不时会要揭示一些事实真相：有时侯，不同窑名的高古陶瓷，竟会同出于一个窑口。具体到柴瓷方面，猛然间你会觉察并且省悟到，不单纯是汝瓷具备与柴瓷同窑烧造的特征；甚至还出现过早中期的官瓷制品，亦与柴瓷器同为一窑所出。这在发现的伊始，的确颇让人感到费解。

故在此提出假说，以供诸位审议和探讨：赵宋天子取代后周，与通常的改朝换代有所不同，柴荣仍被尊为先帝，世宗后裔仍可以享受皇室礼遇，由此影响到对于先前贡御窑，对其的处理

方式自然会有所和缓，柴周式使命既告结束，原有御窑工匠或群趋某处新址，或是受到别处雇请而重操旧业。因为政权新设，烧制祭天地郊庙的吉礼以及朝廷重臣的家庙祭器，原是不可或缺的廷议程序。无论兴办官办、官监，或是属于官搭民烧性质的瓷窑，还都需要征招熟练的陶工为其谋事。如此看来，柴窑瓷器在北宋时代，堂而皇之地作为保留项目不是没有可能。作为前朝御烧的特立独行系列，加之曾经受到朝野的一致好评，柴瓷窑坊的慧命，会否藉汝官窑及后来设置的汴京官窑得以延续下来，逻辑上是顺理成章的。

　　进一步研析，柴宋式是否属于奉诏所烧制的呢，惜未见有文献所记载。只有乾隆皇帝的那句诗风吟诵"汝州建青窑，珍学柴周式"流播于世，给世间留下了一丝悬念。

　　参考图例中的实物，它们分别隶属于北宋早期的官窑与柴窑，同时又属于同窑同工的作品，均为山东大福猴兄所收藏。杞菊庐藏中还收藏有北宋晚期汝窑与柴窑的同窑作品，它们不光是来源趋同，其它相似之处也挺多。

柴　　　官

凤鸣九洲天下定

　　2011年1月17日，一则《穿越时光的宋瓷博物馆》的消息登载于洛阳晚报上，所报道的是一位叫池平的鉴藏家的收藏故事。报导中提及他的一部分藏品来源于其父辈，余感兴趣的是其

中的几件柴瓷，有一件柴宋式凤首瓶最为抢眼，假使这些柴瓷隶属于旧藏系列，那么它们真就称得上传承有绪的柴器了。为了弄清楚这一点，2012年7月曾经专程前往古都宋瓷研究所，对老朋友池平兄作了第二次采访交流。

见面之后，方才知晓包括凤首瓶在内的柴宋式，并非缘于其父辈于民国为官时根据地方举报所追缴的殉葬物，而是由他本人十几年前去往偃师南山时寻访所获。根据余的赏析，有几处关键点可作为断代参考：一是连带款识及其支烧方式，它们均与北宋中期的汝窑相类；二是釉色表现也同北宋中期汝窑接近；三是较之晚一些的柴宋式，无论在釉色、器型或是款识上，都存有一定差距；四是这几件同时面世的柴瓷，分别显现出手工刻划的"官"、"广柴"、"内府"等款识，款识的刻划风格与同期汝窑相一致，似出自同一人之手。

对照网上发布的一部分柴、汝瓷实物图片综合考量，余判定这几件同坑柴器，系属于宋仁宗、英宗、神宗当政时期（1023～1085年）所制。换言之，它们属于柴宋式中期制品。其烧造的地域位置，当与汝窑同处一址。由于柴宋式中期制品的存世量相对稀缺，故其所具备的美学鉴赏以及考古价值都是毋庸置疑的。

庆历年间并蒂花

随着经济发展和人民生活水平的提升，随着群众性的鉴藏考古自发性的蓬勃兴起，业界内对于汝窑烧造历史也具有了多元化的理解，诸如：先前一类偏于保守的传统观点认为，在宋仁

宗时汝窑尚未开窑；第二类观点认为，理论界所划定的汝窑生产上限，掩盖了民汝先于汝官窑存世的真相；第三类理论则将汝窑早期生产定在北宋立国之初，并一直伴随到北宋结束；第四类观点更揭示出汝窑创始于宋朝开国，终止于元朝行将结束的至正二十八年，有着长达400余年的发展历史，其间还经历了五个发展阶段。

身为汝窑的先驱的柴窑，曾经有过与汝窑并驾齐驱的历史，这不难从柴宋式中期作品上有所发现，比如在它的底部，不仅刻划有与汝窑相类同的"官"、"内府"等款识，还刻划有"疒柴"款识。带有上述款识的柴窑瓷与汝窑瓷器的区分，尽管在釉色上不那么分明，但是其恒久不变的、胎薄体轻的本质特征，则会让人一目了然。

通过此条线索，吾们可以甄别并筛选出符合时代气韵的柴瓷来。在此，顺便对于中期柴宋式的特征予以归纳：它们中，有的产品采用覆烧方式，故带有芒口；有的实施了类似汝窑的满釉支烧，支烧的圈足相对较深；有的产品露胎处会呈现出紫黑色；紫褐釉留白篆书款与阳文楷书款并存，同期还出现过"广头柴"、"病头柴"以及"止旁柴"等款识；习惯将"官"字、"疒柴"字上面那一点横着刻划书写；带描金的作品，多数是婴戏、仕女及花卉纹饰，有人指出描绘属于后期添加所为，恐怕未必尽然。北京柴友母智德先生、山东大福猴兄等皆收藏有此类柴瓷器。

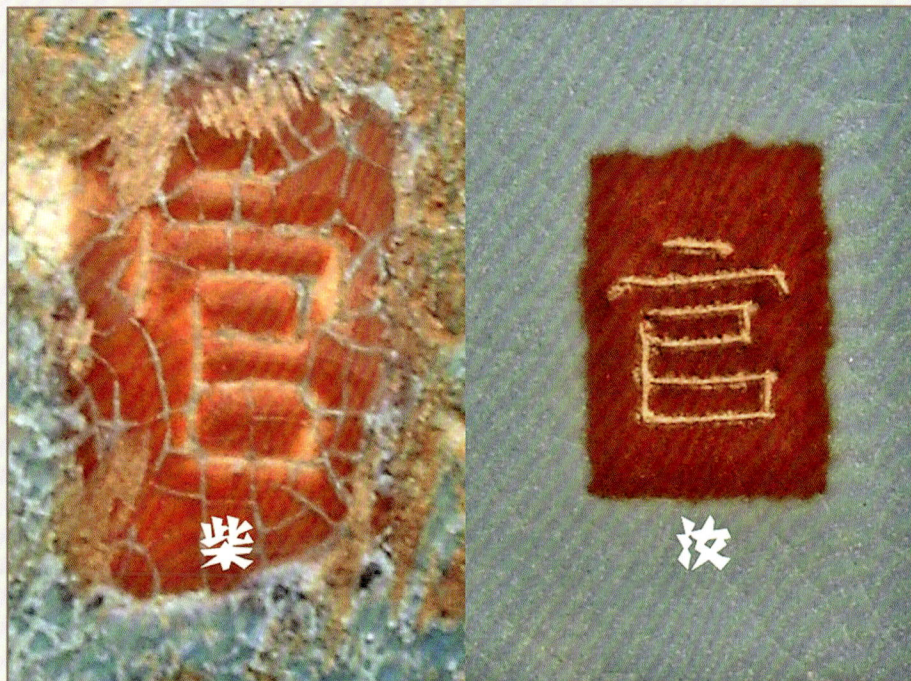

设窑汝州载青史

如果听人说，古人早已将柴宋式的烧造方位公之于众了，恐怕相信的人不会多。揭开此谜底的人，网名"拜陶教第一教徒"，他于 2012 年 2 月就在线指出：曹明仲在《格古要论》中记载"柴窑，出北地"，又记载"汝窑"也是出"北地"，这还不够吗？这还没有把问题说明白吗？还需要我们去出"汝窑"的"北地"之外再找出"柴窑"的"北地"吗？一句话，曹氏在这里早就已经把出"汝窑"和"柴窑"的地方说得明明白白了，那就是：出"汝窑"的地方或者说那一带，也是出"柴窑"的地方或者说那一带！换一种说法就是"汝窑"出在哪里或哪一带，"柴窑"也就出在哪里或哪一带。而河南省文物考古研究所的现代科学考古发掘已经证明"汝窑"出在现在的汝州市，"汝官窑"出在现在的平顶山市宝丰县大营镇清凉寺村。这不正好说明"柴窑"也只能在汝州市和平顶山市这一带的"北地"去找吗？据此，我想做一个大胆的推测：即，平顶山市宝丰县大营镇清凉寺村，既是"汝官窑"的窑址所在地，也是"柴窑"的窑址所在地。

无独有偶，《归田集》中的记载与此相类："柴氏窑色青如天，声如磬，世所稀有，得其碎片者，以金饰为器，北宋汝窑颇仿佛之，当时设窑汝州，民间不敢私造，今亦不可多得"，此说对于柴、汝窑址的考证研究，均有参考价值，故曾经被人们反复引用。需要提请留意的是，经过 Jlwyjs 博友 2011 年查证，上述文字并非出自北宋欧阳修的《归田录》，而是由清康熙年间高士奇所撰。高氏精考证，善鉴赏，晚年特授詹事府詹事、礼部侍郎，死后被朝廷封谥号文恪。其晚年所撰《归田集》，被纳入《四库未收书辑刊》中得以保存至今。"集"与"录"，所差仅一字，实则相隔了六、七百年。

宫中禁烧出正解

南宋学者周辉《清波杂记》中有"汝窑宫中禁烧"一语，极易产生歧义。有人将它直接翻译成"在宋朝宫廷中禁止烧造汝窑瓷"，与原意大相径廷。

张学先生在《宋汝窑瓷玛瑙入釉问题考》一文中提出，需要对"汝窑宫中禁烧"的内涵重新认识。这里的"禁"字，显然指的是朝廷别称"禁庭"，而非属禁止的含义。可以参考南宋庄绰的《鸡肋编》中，"宣和中禁庭制样须索，益中工巧"一语。将"宫中禁烧"作此内涵正解，应当是要说明："宫中所用瓷器，在此间宜统一由禁廷'制样'并在其直接管理下进行烧造"。余对此番诠释深以为然，如要理解成宫廷中禁止烧制汝窑瓷的话，会要因为它缺少给予声明的

意义，而显得荒诞不稽。

　　宣和年间，地处汝州的某处窑口，系属于朝廷置窑，而非属"官搭民烧"性质的进御窑口，亦非属用来填补朝廷不时之需的地方官窑，有如当年的处州窑、宣州窑那样。汝官窑，确有可能如南宋文人叶寘《坦斋笔衡》中之所言，于"政和间，京师自置窑烧造"之前，在"本朝以定州白瓷器有芒不堪用，遂命汝州造青窑器"之后，由朝廷钦设，作为贡御烧瓷的官办窑场。政和年间，奉诏兴建的"汴京官窑"，与先期一直持续着的汝官窑，此两者会否同时并存呢，也是需要探究的考古课题。但无论结果是怎样，估计均不会影响"柴窑瓷器曾经与北宋早期的汝官窑同工同窑，又曾与较晚些的汴京官窑同工同窑"这一合理的推论。

柴官同烧铁足现

　　柴宋式作品上，偶尔会出现"铁足"底现象，亦即指其圈足露胎处呈现出酱褐色。"紫口铁足"原本是北宋官窑的特征之一。有关专家在解释其形成原因时，认为系由以下综合原因交替影响所导致：（1）由于配入紫金土，使之胎内的铁含量高，铁分子于露胎处冷却时被氧化生成棕红色的紫口和酱褐色的铁足；（2）制备胎料和釉浆时所用的水系汴河水，汴河水含有大量可溶性盐类和铁质，加之釉灰里蕴含有此类物质，烧制时这些盐类和铁质伴随着水份蒸发而被带到生坯表面，在器物口沿、棱角处尤为明显，同时这些可溶性盐类和铁质会起到一定的助熔和呈色作用，使釉与胎相结合部位呈现酱褐色；（3）装烧时所用的垫饼往往采用含铁量高的耐火土制成，

高温下铁质从垫饼扩散至底足处形成铁足，亦属不可或缺。

　　据文献记载，汴河古亦称山丹水，汴水的前身是丹水。丹水流经开封后分为两路：一路走开封北、杜良小黄铺一带，向陈留、杞县流去；一路走开封西南沙水，经仙人庄、朱仙镇入蔡水。由于开封陈留一带的泥土和河水中均含有大量铁、盐矿物质以及丹砂，许多位置至今仍在沿用着以"铁"、"盐"和"丹"作为地名。由于富含铁、盐和丹砂的水土的客观存在，这就为当年开封"东窑"生产出"紫口铁足"的独特瓷器，提供了天然地域环境条件。

　　如前所述，开封陈留一带的"东窑"，即是史书记载中的"董窑"，它或有可能就是"汴梁官窑"所在地，或是汴京官窑的取土位置。如此说来，所谓柴宋式与北宋官窑的"同窑同工"，并非依赖主观想象，而是有其实证作为依据。历史上，同窑烧造其它瓷种的事情，还在南宋修内司窑、白狐孤窑发生过，在此免予赘述。

敬事邦国偕鬼神

　　国家、宗族与个人的各种行为，人与人之间的相互交往，古人都曾立下规矩。周朝的礼共计五种三十六目，有吉礼、凶礼、宾礼、军礼、嘉礼之分。吉礼系指祭祀，包括祭祀天神、地祇与祖先，也是五种礼中最为隆重的，其中又以郊庙最重，郊是祭天，庙是祭祖。天是最高的神，所以只有天子才有资格行祭天之礼，而诸侯只可助祭。祭祖，则从天子到卿大夫、士、庶人皆

可行之，但也有严格的制度，区分不同的身份。各种仪节用具均不得僭乱。

宋朝皇帝赏赐祭祀礼器一事，《宋会要辑稿·礼十二·臣士庶家庙》中有记载，摘录一段以作管中窥豹："仁宗庆历元年十一月二十日，南郊赦书应中外文武官，并许依旧式创立家庙……于是下两制与礼官详定制度"，政和年间，给赐重臣家庙祭器，一均由礼制局奉诏承办。时太师蔡京、太宰郑居中、知枢密院事邓洵武、门下侍郎余深、中书侍郎侯蒙、尚书左丞薛昂、尚书右丞白时中、权领枢密院事童贯等，以次得到赏赐。

有关宋朝廷官窑吉礼器的分布状况，藏友 sadiny 考察得甚为仔细，他将此种情况分作两类：一类是皇帝将宫中祭祀礼器赏赐与权贵重臣；二是地方政府代办烧制宫中祭祀礼器。由此延伸出几种官窑器在民间流布的情形：①得到赏赐的权贵重臣之外的其他诸侯、三公、大夫、适士以及从朝廷到地方各级官员家庙所用的祭祀礼器的仿官规格烧制；②权贵重臣家族向某些有资历的地方窑场定烧官窑品级的日用器和观赏器；③地方官府举办礼仪活动烧制的官窑品级礼器等。对于上述分析，余完全赞同。同时，也为民间所鉴藏包括柴瓷器在内的、延续了三百四十年的宋代礼器的存世，留下了一些可供探寻的线索。

北宋晚期成绝唱

北宋柴瓷的晚期作品，在此并作一个时间单元简要叙述。具体当指从宋哲宗元佑元年，止于宋钦宗赵桓靖康元年，公元 1086 年开始算起的这四十年，称得上柴宋式的鼎盛时期，同时也是柴瓷生命终结最后的回光返照。这一时段的器型以及釉色，极为丰富多采，所出现的款识名称较前有所增加，计有柴、官、蔡、奉华、皇后阁、成王殿、柴世宗、柴王府、尚食局等等，这些款识多采用篆体书写，造型以及款识，均较之早中期更加规范工整。

有着非凡艺术气质的宋徽宗，在即位之初自我感觉良好，"功定治成，礼可以兴"，于是举国之力诏修五礼，考订礼器形制，他亲自督造祭祀所用的吉礼，着实下了一番功夫。宋代瓷器集历代之大成，承继并且创造出了不少新器型，在藏界中流行有"唐八百、宋三千"之说。北宋晚期的柴瓷器型，已经见有 14、20、28、30、38、42 公分高度不等的规格类型。其釉色并不局限于先前柴唐式的简单基本色，也不满足于柴周式的孔雀蓝、豌豆青、海玳瑁诸色，它可以使用五彩缤纷来加以形容。相当一部分作品的器身表面，附有人物绘画和文字书法，画面带有宋人写意特征，文字书法精妙无比，堪称具有大家风范。海峡两岸的蔡文雄先生、易善农博士、熠璨女士和乐山老魏等柴瓷友人，均有佳藏在线公开展示。

北宋晚期的柴器，估计乃与汴京官窑出于同一窑场。当然，若想要弄个水落石出，只能够耐心地等候官窑窑址的考古发现了。在此，试作一颂：举国之力修五礼，读书画印瘦金体；

徽宗亲为司陶吧，柴瓷圆光焕生机。（下图台中蔡先生藏柴）

偃武兴文窑火旺

　　考察北宋的封建历史，它所确立的官僚体制以及所彰显的平民精神，总会让人回味。在行政体制上，它建立推行文官政治，由著名文学家担任官员的文化体制，使得舆论氛围相对自由宽松，如此带来了文学艺术的繁荣，宋词可与唐诗齐名。以苏轼为代表的宋代文人，在文学史上留下了千古绝唱。北宋朝的可圈可点之处，还在于它所彰显出来的平民精神。正值宗教艺术在地中海盛行于一时，亚洲东部腹地的宋代文艺却洋溢出了市井百态，以历史眼光加以关照，这种世俗化倾向或可诠释为人文精神的理性张扬。

　　令人抱有缺憾的是，太祖太宗的"偃武修文"，却被后继者奉为金科玉律而不思更改。据悉，太祖赵匡胤主政之初曾经立下誓约："不杀士大夫及上书言事人"，北宋历代君主均谨守艺祖训示并力求从谏如流，鲜有引言获罪的文化人。仁宗和真宗都是祖宗之法的模范继承者，仁宗对世事宽仁，文化氛围轻松，既成就了他的个人魅力，亦成就了其为帝的事业；真宗不谙军事，但在文学艺术和书法成就上造诣颇高；神宗授权王安石实施变法，企图通过改革来实现富国强兵，

对偃武修文国策尚未予以触及；徽宗自幼酷好诗词书画，称得上是一位全能的文学艺术大师和文物鉴赏家，但却疏于如何治理国家。一批史学家指出，华夏文明近千年领先于世界，它所标志的朝代是在宋代，这样讲不无一点道理。

为晚唐五代所推崇备至的柴瓷器，在绚丽灿烂的民族文化氛围中浸淫日广，作为时代宠儿应运而生的柴宋式，理所当然地会要取得为后世瞩目的艺术成就了。下图为熠璨藏品。

从来佳藏出民间

凡是观赏到带有贴花的柴宋式的人，莫不为其娴熟手法和写意风格所陶醉。此处不予增添溢美之词，倘若有不信者，试着去陶吧体验一番吧，你才会真切地懂得，想要做到如此地挥洒自如，没有十数年的熟练操作技艺，凭藉一知半解的三爪猫功夫，简直就无计可施。

有宋一代，以其接近于共和的经济刺激措施，创造出了就当时来说，世间无与伦比的经济和文化成就。故被史学家认同它处在中国历史上的黄金时代。宋朝鼓励生产、重视商业的指导思想，始于后周柴世宗的治世理念得到了延续和弘扬。从北宋建立伊始，中原大地便开始迈向商业化社会，工商税中近一半来自海上贸易，农业税只占全部税收的三成。宋时的中国，在工

业化、商业化、货币化和城市化及发明创造等方面，均远超世界各地。四大发明中有三项诞生于宋朝！据相关信息披露，北宋朝的税峰值达到 1 亿 6000 万贯。按黄金折价约合现在的 152 亿美元。当时税率约为 1/15，农民无额外负担，没有户籍制，商业尤为发达。全国人口差不多一亿多点，加之过往的黄金量远不如今，应当可与时下人均 2000 美元的 GDP 值水平相比肩。当时民间手工业尤为发达，司马光曾经于当年感叹道：世风日下，贩夫走卒穿着丝履，城门小吏在鞋帽上装饰珍珠。连来过中原的外国人，也会在游记中表现出几分惊叹：汴梁城门小吏的生活水平，已近似于欧洲小国的国王！

当人们观赏眼前这件柴宋式上精美的贴塑花卉时，会否由此感受到更深、更远。

勉为其难题御诗

乾隆皇帝是清王朝初期颇有才华的一位君主，在他的一生中共作御题诗四万余首，其中咏瓷诗有一百九十九首。这一百九十九首咏瓷诗，曾奉诏由清宫造办处将其镌刻在他所钟爱的瓷器上，以便长期留存。这些铭刻有乾隆御制诗的陶瓷器皿，一部分是本朝烧制的官窑瓷器，另一部分属于清宫旧藏的历代瓷珍。民国二十四年，吾国参加"伦敦中国艺术国际博览会"的614件陶瓷展品中，其中就有乾隆御题的40件，这批展品目前存放于台北故宫博物院。据鉴藏界友

人考证，实行改革开放以来，现世的御题诗刻瓷器皿远不止 199 件。同一首诗词，大可重复镌刻于不同式样的古代陶瓷上，当年清宫用瓷中有一大项，是用来赐给皇亲国戚、权贵重臣以及其它有功人员的，估计含有御题诗词的瓷器总量不会是一个小数目。

偶尔也会在同好所上传的柴宋式上，看到当年宫廷造办处的"玉作"。总体来说，它们大都还布局得体，镂刻精致且引人注目。但的确亦有一些作品例外，在不该下著处"胡来"，破坏了原始作品的格局，造成诸多遗憾。如某位西南省份的柴友手中，就有几件因胡乱下锥，而被剥夺了整体美感的柴宋式。遥想当年，清宫里的玉作匠人难免会要遭遇此类尴尬，面对着原本不能用于刻划的薄胎满绘柴瓷器，只能奉诏行事，而不论其效果会咋样。下图中，刻有"重华宫－金昭玉翠用"、"建福宫－凝辉堂用"的柴宋式，自然可以作为乾隆晚期（1778 ～ 1782年）柴瓷文化遭到皇权扭曲的有力物证了。

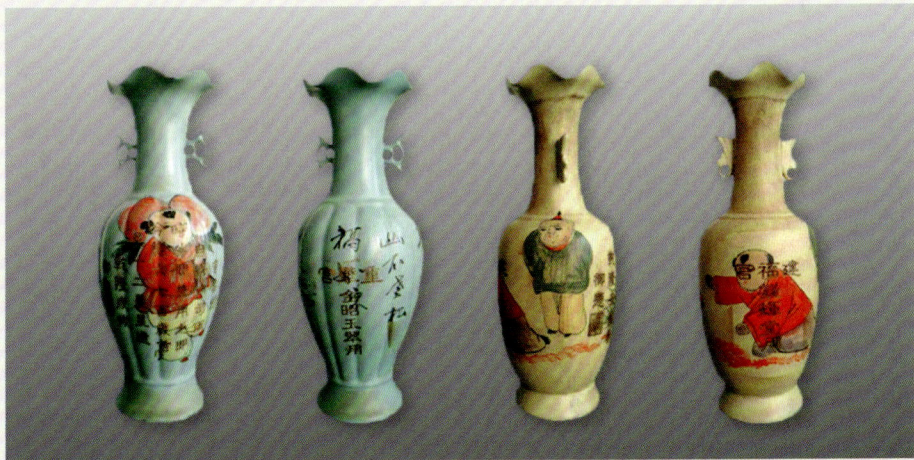

生的歌赞逾千年

在陈醉先生著作《女神的腰蓑》的序言里，有一席话发人深省：从人的抗争到生的歌赞，从欲的追求到美的享受，从物质文化到裸体艺术……这里经历了多少艰辛的超越，又寄寓了人类多少希望与祈求！裸体艺术，以其极大的真诚直面人生，有如人类的降临与归去一样，赤裸裸，坦荡荡！当我们从尘世的扰攘中回到这个纯净的仙境的时候，会感到一种灵魂的充实；当我们的世俗贪欲在这无暇的天地得到满足的时候，会超脱更多的烦恼与纷争……从这个意义上理解、

净化，也许并不应该是抽象的！当人们以一种裸体的精神赤诚相待的时候，自由，可能就相距不远了！

　　通过柴宋式所描绘的裸女画像，不仅能感受到千年前的宋人对于人体美的敏锐感触及艺术再现能力，同时也似乎聆听到了古人对于生命之美的礼赞。要知道此时期的欧洲，正值被人文主义学者称为"黑暗的时期"的中世纪，拟或物阜民丰、文化昌明的时代背景下，方可出现类似绘画的罢。据此逻辑作一些延伸，文化艺术成就既与经济发展进程相偕配，也是同社会文明水平相适应的。假使作为北宋京都的汴梁城，当年没有遭遇金人铁骑的践踏，谁能预测公元12世纪的历史车轮会将奔往何方？或许有人会说，让人类腐朽的文明恰恰是披着文明外衣的另一种野蛮。该当如何看待野蛮与文明在历史上的相互交织呢？余秋雨先生在《山居笔记》中对此作过回应：与其他民族一样，汉族也有大量的污浊、昏聩和丑恶，它的统治者常常一再地把整个中国历史推入死胡同。在这种情况下历史有可能作出超越汉族正统论的选择，而这种选择又未必是倒退。下图为熠璨藏品。

艺术瑰宝柴宋式

　　柴宋式作品，在瓷器烧造和制作水平上的确称得上是一座丰碑。为世人传颂已久的"滋润细媚有细纹"、"青如天，明如镜，薄如纸，声如磬"，当为"诸窑之冠"等并非属于空穴来风，实物本身就是最好的举证。

　　柴宋式以其器型种类繁多，釉色丰富多彩，烧造延续时间长，出土传世器物络绎不绝被发现而为人称羡，故其在柴窑历史文化中占有不可或缺的重要位置。入宋后的柴瓷，继承了柴窑瓷器一脉相承的胎体轻薄，而在造型变化上更加奇异多姿，计有方型，菱型，折角型，盘口型，六角型，八角型，十六角型，上元内方型，贴塑堆花等不计其数的造型。釉表明艳照人，其中的青、紫、橙、黄、兰、绿、白等色调，均采用了矿物材料，发色纯正且过渡自然，历经千余年而面貌如新，实为后世五彩走向成熟开了历史的先河。柴宋式的画面亦雅秀超群，多绘有婴戏、仕女、鱼翁、高士、龙纹、松竹梅等，绘画水平高超传神，在纹饰留白处多配以绝妙的唐代诗词，行楷笔法道劲肥润，行文结构紧凑。柴宋式的款识多以官、内府、柴字等墨印于器底，法式端庄得体。优美的造型，高超的绘画，搭配上绝妙的诗词和官家贡器款识，成了集诗、书、画、印为一体的宋代艺术瑰宝。

　　北宋朝将近一个半世纪中，社会生存环境相对安定，这可以从一些器物上频繁出现诸如"福寿双全"、"如意吉祥"、"家和生贵子"等福瑞文字中看出端倪来。柴宋式瓷器上的纹饰、画面、书体连同款识，共同构成了鲜活的物证，足以成为吾们研究当时社会历史和文化艺术的珍贵史料。下图为魏兄藏品。

综合篇

◎"柴周式"一语，始见于乾隆皇帝《咏汝窑瓷枕》诗中，有"汝州建青窑，珍学柴周式"之句，由此便衍生出了"柴三式"暨柴唐式、柴周式和柴宋式之统称。

孰是孰非待揭晓

鲁迅先生有句名言：凡事总需研究，才会明白。鉴藏实践中人们时常发现，一些带有明显传世与出土特征的高古瓷，经检测却发现含有所谓"现代元素"成份。余曾对几件后周交宋的过渡期柴器，应用微束质子激发 X 荧光分析法（PIXE）测试过，检验出其釉表中氧化锌含量徘徊于 0.84～1.02 之间，氧化锆更达到了 4～6 百分比率。巧的是，洛阳古都宋瓷研究所的池平兄的那几件薄胎宋柴，无论从成型特征或是旧器征貌的角度鉴赏判断，均可定为柴宋式作品。当得知此老器也均含有较高锆、锌元素时，一种前所未有的释然贯通脑际，同时不能不置疑于所谓的"现代元素"的观点。根据池平兄所作考证，河南密县当地盛产一种被称作"河南翡翠"的蓝色玛瑙，当人们将密玉粉作为助熔剂、呈色剂使用时，柴汝作中所包含的锆、锌指标立马就会提升上去，时代愈往北宋后期靠相关指标愈发突显。

在当今文物鉴赏领域，误将胎釉中检测出含有"现代元素"（锆、锌、钡等）的宋瓷，打入另册的作法实在误人子弟，有必要对此拨乱反正。一位名叫李言的藏友曾经撰文指出："现实社会中，很多门类的鉴定存在功力不深，研究不足的问题……"，既然发现了问题，就需要追根溯源，此类检测指标究竟源于何处？假定当初所拟定的检测标准不靠谱，那么这些年来该会有多少高古瓷(至少柴唐式、柴宋式)曾经惨遭"棒槌"的无端捶击？！谁又当对此去承担应负的历史责任呢？！

诚然，柴宋式较之于唐柴、周柴而言，是被仿滥了的柴窑类型。当你恰逢周二来到禹州神垕镇集市遛摊，就会发现大凡有假柴器示现之处，十之八九属于仿宋柴作品。假货得以大行其道，不难表明不乏有一定数量的真品存世略。因此，奉劝人们在奋力泼掉洗涤水的同时，尚须留神加上小心，不要连带着将自家宝贝给一道泼将了去！

光风霁月耀千秋

艺术界普遍认为，图案与色彩的经营，可以看作是带有色彩情感的信息符号，尤其是色彩的形成和传达，通常会受独特人文意识的渗透和民族传统习俗的影响。柴周式上不容忽略的孔雀蓝色，俗称天青色，从表面看上去不过是一种雨过云开的自然景象，很少有人领悟其间所隐喻的、摄政君主所倡导并推行的清明政治，"冬十月丙辰，赐京城内新修四寺额，以天清……为名"；周世宗郭荣（柴荣）光风霁月的精神风貌，恰好在"雨过天青（天清）"这一点上

得到了集中性反映。

晚唐五代扰攘纷乱数十年，百姓饱受战乱之苦，普天之下无不呼唤太平，周世宗正是承应时代平治天下的一代英主：军事上他赏罚分明，募天下壮士，求天下一统；政治上他倡扬廉洁，严惩贪腐官吏；经济上他停废敕额以外的寺院，严禁私度僧尼，收购铜器佛像铸钱，开垦逃户荒田，废除免税特权。此外，他扩建京城，恢复漕运，兴修水利，修订刑律、历法，考正雅乐，纠正科举弊端，搜求遗书，雕印古籍等。自显德二年（公元955年）起，他率军南征北伐，东讨西逐，天下统一在望。周世宗虽不幸英年早逝，却为接下来的赵宋政权实现国家统一奠定了基础。

北宋的政史家、文学家，如薛居正、欧阳修、司马光等人，都对英主周世宗给予很高评价。当年朝野上下为了表达尊崇与爱戴之情，就曾经发生过"壬辰，百僚上表，请以九月二十四日诞圣日为天清节"，反映在民间的，莫过于"柴王爷成仙"的传说。传承至今的朱仙镇木版年画《柴王推车》中，柴王爷推车朝百姓走来，他的旗帜上写的是"日进斗金"、"对我生财"。人们通过这种方式在怀念柴荣，祈盼着柴王爷能给自己带来幸福美满的生活。

一枝红艳出墙头

云南网2010年8月下旬发布消息称：一位不愿透露姓名的民间藏家携来一件祖传宝物，想请省收藏家协会的专家们鉴定它属于哪个朝代。此件镂空的双耳花瓶，精致轻巧，造型独特。当大家翻看底部时，一个很像"柴"的篆体字让在场人为之一惊，难道这就是传说中的柴窑瓷器？此事惊动了云南省收藏家协会，在李德昆会长的召集下，瓷器专业鉴定委员会的专家迅速赶来，集体鉴定后一致认为：从器形上看，它薄如纸（薄如纸一般对釉汁而言）、明如镜、青如天（青如天一般指柴窑瓷器釉色以天青为主）、声如磬，工艺精湛达到了极致，这些都是柴窑瓷器的明显特征。在瓶子上清晰可见的土沁说明它已历经千年，"无论是花瓶的造型，还是上面的花纹、图形，以及工艺等都达到了登峰造极的程度。"通过使用仪器鉴定，显示该瓷器属于宋代产物，与我国五大名窑同属一个朝代。因为很罕见，目前暂无法评估其价值。

余认为，多年前的这一则报导具有非同寻常的意义：其一，作为地处西南边陲的省级收藏家协会，能够高度重视此件疑似柴器，由会长出面召集专家集体会诊，经过仪器检测后新闻公开报导，真实地反映了民间社团在保护华夏珍稀文物的自觉性以及职业敏感性；其二是对于柴窑的认定，已由分散型的个体举证进步到了在某一地域内由专业人士集体会诊的良性发展态势；其三是对于以柴周式为代表的柴窑器皿的基本特征，已为鉴藏界有识之士所认同，

正处于达成渐趋一致观点的历史性转折阶段。

穿越时空笑煞人

　　明代文献所记载的"柴窑"，俨然成了中国陶瓷史上的一桩悬案。相传早在民国时，有古玩商人定制了一批模印有"显德年制"款的薄胎印花碗，兼有绿釉、黄釉、影青等品种，用来冒充柴窑器物以牟取暴利。其造型多摹仿胎薄体轻的宋影青斗笠碗，上面印有龙穿花等图案，内底心印一朵盛开的莲花，花心内印"显德年制"四字双行楷书图章式款。美国人普鲁玛于1935年在建窑遗址调查时，曾采集到一件兔毫盏标本，碗外壁下部印有阳文"大宋显德年制"六字款铭，1977年日本出版的《世界陶瓷全集·宋代》即收录有此标木，从款字内容、落款部位及款字风格看，系属一件制作拙劣的假古董。
　　附图中所显示的这件就属于民国仿柴器物，其造型正象前面所描述的那样，可以清楚看到花心内印的"显德年制"四字双行宋体圆形章式款。离奇的地方还在于，碗内中心同时出现了

对称的模印宋书"枢"、"府"字款，凡是有鉴藏阅历的人都知道"枢府"的设置始于唐代宗（763～779年）时期，其时由宦官充任以负责传达王命，五代后梁改由士人任职，宋代以枢密院、中书省"二府"分掌文、武两权，元代以军事王朝著称于世，导致"枢府"权力增大，到了明清则专指内阁，雍正朝后改称军机处。以上朝代中惟独只有元季，组织景德镇生产过模印有"枢府"字样的瓷器。这里却将"枢府"与"显德年制"两个风马牛不相及的东东，摆放进一只仿宋式斗笠碗内"同饮"，荒诞得近乎有些搞笑了。

余试着穿越时空，来上一段时下流行的淘宝体：亲！不可以乱来哦！当成小礼品白送也不要的哦！调侃归调侃，作为一件清末民初的仿柴器作，客观上对于今人解读古代柴瓷文化亦将提供一定帮助。

各显老态柴三式

早期器物釉药熔点相对较低，在窑内煅烧时釉面凹处容易积釉，甚至出现打垛现象。具体到柴三式瓷器，它们属于铅釉，或是石灰釉？所上釉呈液态或是干粉态？有待于专业考古人士来廓清史实。一般而言，柴唐式上通常都带有沁线，即由俗称"土锈"的物质，粘附于开片裂纹处所形成。柴周式则不同，由于釉药配方的特殊性，多见以高光登场玻璃釉者。据中藏网论坛王国联版主所撰文章介绍，新旧陶瓷理同人之面纹，少则肌肤充盈，老则衰萎多皱。

其萎缩程度，受所处环境及抵御氧化能力的强弱而存有差异。本人藏有一柴周式执壶，胎底带有十分醒目的萎缩纹（如图）。当将光源倾斜至一定角度时，还可在柴宋式器物上，显微观察到象似微风吹过水面时泛起的那种不规则涟漪状，这也是因釉面氧化产生收缩性老化的征貌之一。

　　值得留神，古瓷器因年代久远，釉内矿物质长期受地心引力及氧化作用，分子结构发生重组演化，部分元素会析出釉表形成次生晶体。对其显微放大观测，可见菊花、松针、米粒、冰茬等不规则条痕，散发出炫目光彩。有些器物会与土壤中的矿物质亲和再生成矿物盐成分，而形成石花斑（凌斑状）、饭糁斑、天坑或是空洞等（如图）。"质变程度因器物所处地质环境的湿热度、酸碱度、深浅度和暴露度不同而各异，如北方干冷，部分地区酸碱度适中，故出土器物多有晶莹如新者。"因此，有些器物釉表上几乎寻找不到次生结晶等现象。鉴藏考古，确有一些类同于法医与侦探的地方，需要依据所搜集到的物证开展具体的分析，以求避免发生以偏概全的主观认识谬误。

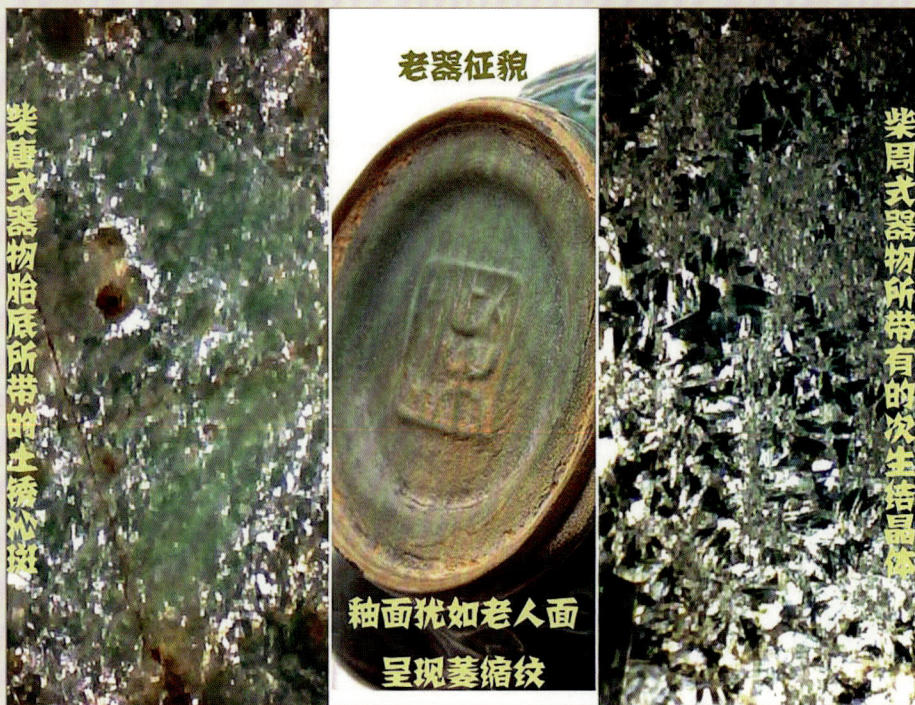

柴唐式器物胎底所带的土锈沁斑

老器征貌
釉面犹如老人面呈现萎缩纹

柴周式器物所带有的次生结晶体

信奉科检查成份

藉助机检手段来破译古瓷器承载的信息密码，业已成为当今科技应用于鉴定古瓷的新趋势。陶瓷器本身，是由多种化学元素组成的物质分子聚合体。通过检测瓷器的化学成分，来分析认定作品的制作年代，对于缺少标准器的柴瓷来讲，目前还只处于探索初期。吾们通过对不同时期的柴窑古瓷作品，使用能量色散 X 光射线荧光分析仪作无损分析，检测出除去柴周式例外，在柴唐式、柴宋式以及周宋过渡时期的柴瓷的胎釉中，均检测出了锆、锌等所谓现代元素成份，即便是如此，此项检测似不能成为判定器物真赝与否的可靠依据。

将相关的检测数据记录于此，亦期待着文博界幡然醒悟之后，给予其"平反昭雪"。

①柴唐式镂空六方杯器身釉：钠 1.73、镁 1.003、铝 11.398、硅 71.00、磷 0.00、钾 1.778、钙 4.055、钛 0.157、锰 0.104、铁 0.00、钴 0.00 铜 1.477、锌 5.145、砷 0.004、锆 0.052、钡 0.00、铅 3.004；②柴唐式镂空六方杯胎底：钠 1.73、镁 1.00、铝 11.40、硅 71.00、磷 0.00、钾 1.78、钙 4.05、钛 0.16、锰 0.10、铁 0.00、钴 0.00 铜 1.48、锌 5.14、砷 0.00、锆 0.05、钡 0.00、铅 3.00；③柴周式六棱赏瓶器身釉：钠 5.54 镁 1.96、铝 11.13、硅 62.81、磷 0.96、钾 0.87、钙 10.65、钛 0.39、锰 0.08、铁 0.41、钴 0.00 铜 5.72、锌 0.00、砷 0.05、锆 0.00、钡 0.00、铅 0.00；④柴周式葫芦瓶胎底：钠 2.34 镁 1.39、铝 23.13、硅 61.06、磷 0.61、钾 0.58、钙 4.41、钛 2.35、锰 0.07、铁 1.83、钴 0.00 铜 2.20、锌 0.00、砷 0.03、锆 0.53、钡 0.00、铅 0.01；⑤过渡期三头六臂观世音菩萨器身釉：钠 4.51、镁 1.71、铝 10.28、硅 59.28、磷 2.20、钾 1.37、钙 10.88、钛 0.40、锰 0.07、铁 0.31、钴 0.00 铜 2.72、锌 0.84、砷 0.07、锆 5.82、钡 0.00、铅 0.04；⑥柴宋式双凤耳四方瓶器身釉：钠 1.63 镁 0.89、铝 13.39、硅 56.69、磷 0.59、钾 4.05、钙 16.28、钛 0.08、锰 0.05、铁 0.65、钴 0.00 铜 0.06、锌 0.00、砷 0.00、锆 5.51、钡 0.00、铅 0.07。

尝试新法测容重

在易惟谦教授所著《易氏鉴瓷》中，创立了古瓷器容重测定法，其原理基于：每一种物质和物体都会因它的环境温度、湿度变化而变化，这一规律是长久的，难以避免的。多次的缩胀循环会使器物变得疏松，体积增加而重量不变。这就改变了器物的体积，使容重变小。年代越长久，老器物的容重就越小，这就是自然规律。由于这种方法不需要标本，也不要先定位和人

为指定，在现实环境中随时都可以进行。因此，新法吸引了众多柴友的浓厚兴趣，现将三位同好师友对于"柴三式"容重的测试数据，集中性展现于此：

由易教授亲自操作，对于北京藏家母先生的青瓷单色釉六方形喇叭口瓶的测试结论为：在空气中称重为494g，水中称重为215g，体积相当于494－215=279cm³。容重E=494/279=1.77g/cm³，另一青瓷单色釉八棱形蒜头瓶的容重值测得E=526/266=1.97g/cm³，比前件略大，但均为唐宋时瓷品的正常容重范围。依据余的鉴赏理解，将此类柴瓷划归入柴宋式中期的范畴进行定位研究。

另据啸天飞龙 2009-5-26 在雅昌艺术论坛 » 高古瓷器栏目披露，底现"金玉堂"款、带蝉足兼有细小开片、镂空为狩猎图纹的一件柴周式奁，测得其容重值为E=1.92g/cm³。根据经验积累，只有宋代以前实物才会有如此小的容重值，故定为后周柴器无疑义。

再据，天津鉴藏家云龙兄对所收藏的柴唐式镂空开光人物纹福禄尊的测试结果：干重为1083g，湿重为560g，体积相当于1083－560=523cm³。计算得出其容重值为E=1083/523=2.07g/cm³，符合《易氏鉴瓷》中所规定的唐宋古瓷标准。

三式款识看流变

　　少有人问津的、处于高古陶瓷鉴藏顶端的柴窑一隅，情势混沌为藏界所共见。此帖将叙述重心移至对于柴三式款识的归纳小结。事实上，款识对于人们辨识与赏析柴器，已经并且仍将继续发生一定的影响，愈来愈凸现其重要的文化内涵及断代价值。

　　将柴唐式与柴周式作一比较，不难看出两者款识的模印阳文如出一辙，区别只在于字体略为存有差异。如在柴周式上习惯于显现"爿柴"款，而柴唐式则基本看不到；同样的道理，柴唐式的"浆水柴"写法，在尾随而至的柴周式上全无踪影；即使添加了方框的秦篆"柴"字款，各自所代表的时代亦表露无遗。进入北宋后，柴宋式的款识风格随之变化，先前那种采用凸印阳文的风格逐渐式微（仅在过渡期器物上偶然看到），而在北宋初期即开始沿用的、以长方形加彩留白字，或单纯凸显釉色字的印款风格，伴随着北宋朝存续了一个半世纪。

　　时代变迁、朝廷更替，柴器款识随之发生演变的史实，不仅可为断代提供依怙，也为吾们了解认识器物的分期提供了便利条件。鉴藏界的一些同仁，囿于收藏视野的狭隘，轻易否定带有"柴"、"大周"、"尚食局"等款识的柴三式器作的存世，自身从未对类似器物做过深入细致地探究，却习惯于凭藉想当然来下断语，乃是很可笑的做法。当然，本着对历史负责的审慎态度，考证必须一步一个脚印地踏实进行。想要在鉴赏古柴瓷方面保持领先，依赖于收藏家群体的经验累积和同好师友间的良性互动，谁都难以避免会在探索中走上一截弯路。但只要始终秉持追求真理、修正错误的虚心态度，就会持续地赢得进步和真诚的赞许。

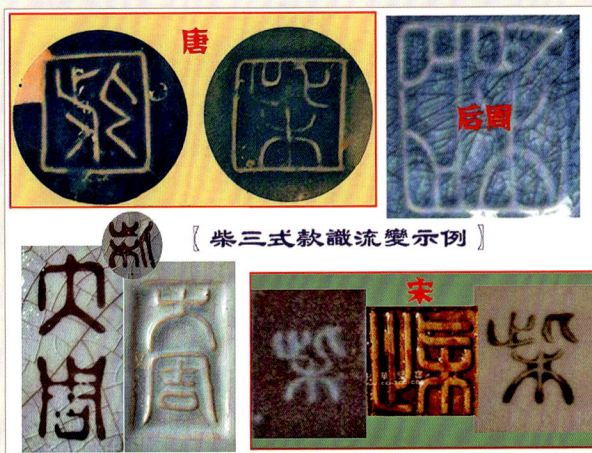

【柴三式款識流變示例】

故宫柴器觅所遗

　　由邵蛰民、余启昌编著的《增补古今瓷器源流考》之柴窑篇，曾经就故宫柴窑有过明确记述："柴窑，予所见者，仅古物陈列所陈列之热河行宫所藏，大小两瓶及故宫所藏口碗数件而已，瓶式奇古，大者为黑黄色，小者为天蓝色带黑斑，似无红之均瓷。另据孙玮所撰《王世襄追讨抗战被劫国宝经历》一文披露：从1945年11月起一年期间，王老亲历过"收购民国最著名的收藏家郭觯斋藏瓷二三百件"。据悉，觯斋藏瓷中那件后周柴窑被列在首位被收购进宫入库。以此计算，故宫当年所藏后周柴窑有大、小瓶三件，碗（盏）数枚。

　　《中国文物报》1999年5月16日第四版，刊登过傅振伦所写作的、标题为《柴窑瓷器与商人伪造》的文章，其中专门提及："清室善后委员会"于1925年编印的《故宫博物院点查古物清册》所载柴窑，后经故宫博物院专门委员鉴定，实是建阳窑乌金釉鹧鸪斑的瓷盏（前故宫古物馆第一科事物员吴玉璋君之言）。同时，还对故宫博物院前专门委员郭葆昌用河北定兴县良田一顷、成宅一处，买到一件天蓝小尊之事作了交待：1946年我回到北平，参观故宫郭世五（觯斋）先生纪念室。在他所捐献文物中，不见这件柴窑，同仁告以古董商设局作伪骗财之事，才知道这位研究瓷器多年的故宫老专家也上了奸商的当了！文中还指出，柴器微黄近黑，此乃商贾之言不可采信。

郭葆昌

傅振伦

　　傅振伦先生早年曾经在故宫博物院任职，对于当代档案学科多有建树，堪称是一位多学科的专家。即使按前文所述，将数枚建阳窑乌金釉鹧鸪斑瓷盏、微黄近黑器物以及郭觯斋所藏柴器逐一排除掉了，余仍不舍地追问一声：故宫当年所存放的柴器中，不是尚有一件"天蓝色带黑斑"的器物未见宣判死刑么，为何长期以来，它就没有了踪影呢？

丰碑永驻载青史

　　柴友郜振春兄论及《柴瓷之精髓》时，高屋建瓴地归纳出了以下要点：一是开创了装饰丰富、多种纹饰、多种造型和多种题材的探索与发展。二是开创了装饰艺术与中国的传统绘画技法、雕塑技法有机结合用到柴瓷上的手法。三是开创了刻花、镂空、贴花、堆塑、捏塑、浅浮雕装饰为一体的器物形象。四是开创了我国由素瓷向单色彩釉瓷系列发展的新型瓷艺，为后世彩釉瓷业发展开辟了新路子。五是开创了传统制坯技术、创新采用坯模合成的制坯方法。六是开创了施釉方法的创新、采用了刷釉的施釉技巧。七是开创了在青釉瓷里面加铜元素的历史创举。八是开创了在青釉瓷里面加硅酸盐玉石粉，其釉透脱如玻璃质感的效应。九是开创了皇家以瓷代铜，打破了专用铜作为礼器的历史界限。十是开创了御窑之先河。

　　以此作为基础，结合藏主的鉴赏体会再予梳理，辑成柴三式对于中华陶瓷史上的七大建树：一是在由陶演变成瓷的历史当口，从器物造型、纹饰和题材上开展了全方位的探索与创新；二是将传统绘画与雕塑技法有机结合在一起，为后世陶装开启了崭新的篇章；三是创新性应用了刻花、镂空、贴花、堆塑、捏塑、浅浮雕等工艺，藉以充分地表现物象，彰显当时的审美倾向；四是继承并发展了汉隋唐三彩的单色彩釉陶工艺，为后世彩釉陶瓷的发展拓宽了道路；五是继承创新了传统制坯技术，采用合模、单模和套模的多形式结合，丰富并改进了陶瓷造型表现能力；六是继承创新了施釉技法，充分采用了刷釉、蘸釉等施釉手段，通过添加琉璃金石诸元素，使其釉表透脱有如玻璃质感，实现并成就了单色釉瓷的艺术颠峰；七是继承创新了以陶瓷取代金属作为吉礼器，为后世宋元明清的贡御窑充当了楷模。

钧柴关系非一般

　　宋人所编的《册府元龟》中提到，周世宗"幸迎春园"，视察陶器时曾颁旨"赐陶人物有差"。余以为，显德年间设在汴梁城内迎春园的御窑的工匠们，迨赵宋代周之际无所依归，遂群趋颍川去经营钧窑是有此种可能的。由柴树青、柴有才、柴千军三人合著的《柴窑与钧

窑关系探讨》一文，引用了清陈浏《陶雅》之所云："钧窑有紫、青两种，青者俗谓之月白，实渊源于柴周之雨过天青。"文中还提到了钧字与柴字的通假关系：根据上海博物馆竹简《子羔》记载，"钧"可读为"柴"，是子羔之名。"铃"字与今本文献对应者，只能是子羔之名……"铃"与"柴"为从纽双声，音近假借。因此，"钧"可读为"柴"，是子羔之名。有人甚至还提出假说，先前在汴梁时名曰柴窑，移至禹州便称呼为钧窑了。

邰振春柴友对所藏"柴瓷鼎"考研后认为，青瓷加铜元素乃是从柴窑开始的，他还告知《大公报》记者："柴荣皇帝是创烧瓷器的先驱者，他运用新密得天独厚的地理条件优势，釉里加铜红和本地所产的密玉硅酸盐玉石粉，在烧造的过程中，经过窑变导致釉的流动变化，烧成后器物外面出现透明的玻璃釉，器足和下垂之处有玻璃珠。由于釉里面有多种矿物质，窑温难以控制造成了铜红色流动大而显得施釉不均，与宋代钧窑相比，釉色的稳定性有差异，胎质有差异，柴青瓷是白胎，宋钧瓷是灰胎，这是两个朝代不同的区别。"周永富兄的所撰文中也曾提到："柴窑师傅在烧制天青釉时，不经意间曾有神来之作，沾上含铜离子釉料的瓷器出窑后，居然出现了红艳艳的窑变！这种瓷器窑变极有可能由柴窑师傅带到钧窑，进而开发出流光溢彩，华美绚丽的朱砂红、海棠红和玫瑰紫等令人心旷神怡的窑变釉来，成就了钧窑'入窑一色，出窑万彩'的一大特色。"以此不难想象在钧窑与柴窑两者之间，的确有着非同一般的关系！

邰兄藏鼎

神垕温家有来历

　　温家大院，现今属于禹州市神垕古镇保护区内的一所重点古建筑。神垕镇自唐代以来一直都是生产钧瓷之地，"神垕"原名"神后"，北宋末年该地所产钧瓷为宋徽宗所钟爱，亲题"神钧宝瓷"、"精妙绝品"，并由其题封"神垕"而得名，"神垕"以示天下皆崇神后之土的意思。明成化年间的《神垕真武庙碑记》记载，当时神垕之镇耕读冶者千家，遂成七里长街，清代以后，这里依然是"日进斗金"之地。

　　自从在柴周式孔雀牡丹图纹尊上发现有"温家大院，秘方柴钧"的记载以来，引发了余对位于神垕古镇的温家大院的关注。据史料记载，温家是康熙末年1722年迁移至神垕的，至今已经有十二代传人，族人达2000余人，从其第三代、四代为清朝官员的历史来看，其最初迁移的一代非富即贵莫属。现存的"温家大院"始建于清雍正年间，至今有近300年的历史，宅院为五进室，由多个四合院组成，规模之大在神垕镇位居首位。有意思的是，金羊网上所载文章《熔千秋火艺 凝万世藏珍》中提到过一位"民企之星" — 钧都瓷业集团董事长温建峰先生，称"他出生于钧瓷世家，家族从宋代起便从事钧瓷产业"。深圳新闻网上的文章中亦有类似描述："一个家庭子子孙孙从事一样的职业，这样的事似乎不太多，而这就是本文所要讲述的钧瓷世家、现居深圳的温建峰的故事。温先生的父亲、爷爷、爷爷的父亲、爷爷的爷爷……不知多少代人在禹州神垕的钧瓷窑上度过了一世又一世。"由于这些事实的真实存在，人们当然有理由要去探究，莫非当年柴周式的烧制，果真与香火绵延的神垕温氏家族有其血脉相通之处。

寻踪探迹柴氏窑

　　"世传柴世宗时烧者，故谓之柴窑"。以当朝皇帝之姓氏冠于窑名，无论是在陶瓷文献记载中，或是实际称谓中均乏先例，无怪乎先前有人会要对此持怀疑态度了。大明宫内发现的那一块柴瓷片，使得人们有理由将柴窑生产的历史向前推演。柴唐式胎底所显现出来的"柴"字款识，加之明人《五杂俎》中的那一句"陶器，柴窑最古"，前后两厢映衬，既而使人茅塞顿开，额手称庆。与此同时，一些个亟待解决的问题接踵而至：柴窑究竟是从何时

开始烧制的？最初的作坊主人又会是谁？何时被征选作为贡御的……以及是否系属于某位柴姓贵族的私家作坊，它与唐朝开国功臣谯国公柴绍本人有无某种关联呢？

柴绍，幼以任侠闻，补隋为太子千牛备身，娶李渊之女（入唐后称平阳昭公主）为妻，绍跟随高祖平定天下，兼领马军总管，高祖武德初，从李世民征战以功封霍国公。太宗贞观初，转左卫大将军，出为华州刺史，灭东突厥后加镇军大将军，改封谯国公，去世后追赠为荆州都督，谥号为襄。名列凌烟阁二十四功臣之第十四位。据柴氏宗亲后裔考证，柴绍是为周世宗柴荣的祖先。《富春柴氏宗谱》记载，柴守礼祖父柴孟端，官翰林学士，系唐开国元勋柴绍之七代孙。故《旧五代史》称柴荣的亲姑姑、养母圣穆皇后柴氏为"世家豪右"，翻译过来就是经世有方的名望大族。想当年，柴守礼将柴荣过继给其妹夫郭威当养子，为人"谨厚"的柴荣得"以庶事委之"，有鉴于他的"悉心经度"，周太祖"郭威甚怜之"。郭荣（柴荣）自幼即跟随大商人颉跌氏往返南北贩运茶叶与瓷器等，未及弱冠即行埋财之眛，所以颇显少年老成。当年柴窑制瓷作坊，会否从谯国公柴绍开始，便一直就在被称作"世家豪右"的柴氏家族的掌控之中呢？思来想去，感觉有此可能性。余对历代柴窑窑址作出猜想：柴唐式，或与创建于元魏的洛京窑相关联；柴周式窑址，先期位于汴梁城内的迎春园，末期迁移至郏县安良镇一带；柴宋式先期曾相伴于汝官窑，后期烧制则与汴京官窑同工同窑。

代不乏人薪火传

涉及到柴氏窑传承的宗亲谱系，有兴趣的不妨参看柴道琳教授发表于柴姓网上的文章，以及由祝治平、柴存才主编的《后周三帝》一书等资料。

柴氏家族郡望平阳郡，属大唐临汾郡公柴绍后裔。据传，柴荣的爷爷柴玭，育有守义和守礼，守礼系下有柴穆、柴茂、柴荣、柴华、柴贵等五子。据悉，郑州密县牛店镇柴家庄的柴氏，系属周世宗柴荣五弟柴贵之后，距今已传 36 ~ 38 代，有 5000 多口人，主要分布在密县、巩县、登封、禹州，还有因做官、经商等迁往浙闽等地定居的 3000 多人。柴贵家族以制瓷为业而富甲一方，窑口分布在密县、登封、焦作、鹤壁等地，地处中原的登封窑、密县窑、焦作窑、鹤壁窑、磁州窑均为一个窑系，以制作黑白花色瓷器如白釉珍珠地划花及白地画黑花、绞胎瓷为主。绞胎工艺始于唐代，借鉴于漆器犀毗工艺，以不同颜色的胎土绞成各种图案。

时下，除去郑州有柴树青研究员等发起柴窑国际研讨交流外；密县的柴震声先生致力于研究柴窑文化；焦作的柴占柱工艺大师从事制作绞胎瓷；禹州的柴彩军大师投放重心在于钧瓷上；焦作的柴战柱师从绞胎瓷名老艺人王有洲、韩焕有，长期从事绞胎瓷制作技艺的研究与创新，现已恢复了唐宋时期当阳峪绞胎瓷制作技艺，如羽毛纹、编织纹、团花纹、菊花纹、

流云纹、三角纹、方格纹等十余种基础工艺，并在传承胶胎瓷技艺的基础上又有新发展，创新出三十余种新绞胎纹，共计上百个品种。

柴氏后人对于老祖宗举世闻名陶瓷技艺的仰慕与尊崇，对于探寻消弥在历史迷朦中的柴窑陶瓷文化的执着和坚守，给人的印象十分深刻。它让世人有理由相信，有着悠久传统的柴窑历史文化仍将代不乏人，薪火相继。

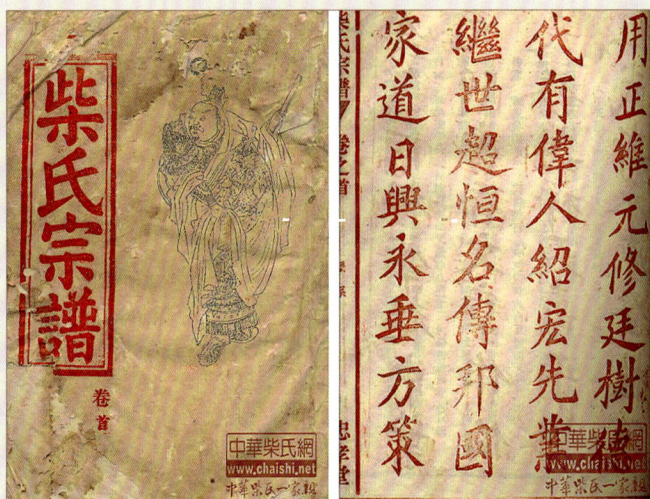

太宗御制何其靓

若从品味文化内涵的角度赏析，唐代陶瓷是很值得考究的。这类器物在造型及装饰风格上，同当时的金银器、琉璃器等都有着密切联系，无不打上大唐社会的历史烙印。从探索唐代柴瓷的起源着眼，此处介绍一件带有模印"太宗御制"阴文款识的单彩陶瓷。

淡青釉双龙耳凸雕人物纹瓶，出自于南方一位柴友的收藏。根据其自谦之辞，迄今尚未被普遍认可此件单彩瓷，不能排除系根据某件博物馆藏品所仿制。此瓶高约39厘米，口径10厘米，

底径 9.8 厘米，隆肩圆腹，下腹内收。在瓶体颈部和颈肩结合部，各有一道凸起弦纹，器肩转折处有两道较细的弦纹。瓶口呈外撇喇叭形，以对称双龙衔瓶作柄，龙首雕刻精致，带有三趾的龙足紧贴于瓶身，在幅纹的下方，贴塑有一男二女（共两组）立式人像作为主题纹饰。有一男子站立当间，正当着其妻妾之面山呼海吹，略带愠怒表情的两位家庭女子伴随于两侧，才盾冲突活灵活现。器物装饰安排饱满，釉色淡雅，贴塑精巧，别具匠心，体现了唐代陶工的高超制器水平。

　　釉面的蛤蜊光泽、款识以及土沁蚀点，似在表明它从属于大唐贞观年间的进御陶器。此类单彩青釉陶瓷，曾被当年用作大唐与西域往来的惠赠，以适应并满足对外交流的需要……余隐约觉察此类低温铅釉陶器，与早期的柴窑之间存有某种姻亲关系。那时的人们习惯于采用贴塑纹饰来表现主题，与以镂空刻划为主的柴唐式相比，两者的差异还是明显的。

承天景命谱新篇

　　故事新编：贞观十二年（公元 638 年）唐朝开国元勋柴绍身体欠安，太宗亲领家眷前往探视。当他进入柴府，看到客堂的条案上摆放着一只淡青釉面的双龙尊时，便驻足仔细观赏起来，只见那器物上堆塑了一男二女的人物形象，遂好奇地发问道："该故事可是选自《孟子·离娄下》之中？"让人搀扶着向前恭迎的柴绍忙揖手复道："陛下英明！此器物正有亚圣书中'齐人有一妻一妾'意境，前日族里的一位掌窑师傅带来这件刚完成的活计，正赶上余训示小儿，未及收拾便摆放于此了"，太宗这些日子被魏征上奏的《谏十思疏》所打动，听罢柴绍述说连连颔首若有所思，随即更颁出一道旨来："不妨让他们多烧造些个，一并送

交府库中来，朕预备把它赐给朝中老臣们拿回家去，充当教材信许真不错……只是此件过重不方便爱卿们携带，能否烧制轻便一些的瓷器呢？"听闻太宗如此言说，预感幸运之神降临的柴绍，立刻呼唤书僮取来纸笔，请圣上为其家窑题名。太宗未作推辞，提起笔来龙飞凤舞地挥毫书写了一个"柴"字。待收拾停当继续向柴绍说道："既属国公的家窑，索性就唤作'柴窑'好了，将来还可以给朝廷烧制些瓷器作为对外交流使用，须得征召一批能工巧匠，确保能够烧出流芳百代的美瓷出来，未知国公您意下如何……"柴公并其家眷顿感皇恩浩荡，于是跪着向太宗盟誓，承诺竭尽全力报效社稷云云。太宗临行前看见随同而来的巴陵公主，正与柴家二公子令武交谈欢洽，遂又掉转头来挽起柴绍的手耳语道："姐夫呵，朕打算过完年后就把七女儿嫁到您府邸上来，成否？"柴绍自是领情，连声叩谢不表。

　　当年担任起居郎职事的褚遂良，专门负责记载太宗皇帝的一言一行，闻此后秉笔书道：国运江山固本根，大唐天子重功臣；齐人故事当科案，兴废载舟遗训深。金玉谐和结连理，休戚与共辨良姻。挥毫御笔题柴字，佳品还求万世珍！

花开五叶始会得

"一花开五叶"有两种解释，即佛教传入吾国后，禅宗以达摩为祖称"一花"，后期发展演变成了五个流派，即伪仰、临济、曹洞、法眼、云门五宗则谓"五叶"；此外也有人称自达摩禅师东渡以来，历经慧可、僧璨、道信、弘忍、慧能六代，方使得禅宗成为中国佛教的第一大宗，故宋·释道原《景德传灯录》记载："一花开五叶，结果自然成"。

柴窑或系属于汉、隋、唐彩釉陶瓷的嫡传，然后由它一花开五叶，悠生而来的五大名窑于中原地区依次发扬光大。尽管此说略显得突兀了些，但亦并非无凭无据。常有人议论起后周柴窑的卓越贡献，相当于开办了一期"陶艺培训班"，中原地区的早期瓷艺精英们得以在此间切磋交流陶瓷技艺，等待赵宋政权建立后，窑工们分散于南北各地，基于各自掌握的陶瓷技艺已然炉火纯青，遂有可能在相对安宁的社会环境中得到良好地传承，并为五大名窑在赵宋时期依次闪亮登场、各显身手奠定了基础，进而完成了陶瓷史上一次质的飞越。

瓷友"拜陶教第一教徒"曾经提出："唐秘色，是柴窑的外祖父（柴窑的祖父、父亲是北方的 ** 窑？），汝官窑是柴窑的儿子，南官是汝官窑的儿子，中国青瓷从唐五代到北宋南宋的正统血统，就是这样的！"除却汝官窑外，钧窑、北宋官窑以及哥窑似与柴窑也摆脱不了干系。那么，柴窑的祖父、父亲到底是北方的什么窑口呢？余在此试作一段文字补充：探索源流，柴窑极有可能肇始于汉、魏晋南北朝的低温铅釉彩陶系（尤其不可忽略北魏时期供御的关中窑、洛京窑以及它们与相州窑、邢窑之间的一脉相承）。如此说来，被明代文献反复提到的"陶器柴窑最古"，亦将有了理论上的注脚。

振耳发聩柴三彩

　　有着 30 余年柴窑鉴藏研究经历的邰振春，在其博客中发表了一篇短文，题目叫作《柴瓷骆驼的来历》，摘引于此，以期引起同好们关注：此骆驼通体施白釉，细纹刻片，驼峰四周坐垫的褶纹简洁，驼鞍为人面鞍饰，四蹄以上 3 ～ 4cm 处不施釉，唐代动物的腿部一般都是施釉到底，也就是说施满釉；历史资料记载"柴瓷足多粗黄土"，成为柴瓷的特征之一。骆驼头上扬，骆驼的筋骨、肌肉以及眼睛，阴线刻的皱纹细部都很精致，刀痕清晰，整体造型美观庄重。传说五代周世宗皇帝柴荣，打仗有勇有谋，攻无不克，战无不胜。柴荣皇帝训练了一支 1000 多人的骆驼骑兵军，士兵穿着怪异的服装。在安徽寿州一战中，处于两军对峙不分胜负的关键时刻，柴荣皇帝下令骆驼军冲锋陷阵，由于南方人从未见过骆驼，看到这种情景，还认为是天兵天将降临，于是乎不打自降，柴荣皇帝大获全胜。骆驼自此就成了周世宗皇帝柴荣的宠物，下令把骆驼的形象在皇家官窑——柴窑里烧造出来，以示纪念！

　　余认为，周世宗组建骆驼骑兵军在史书上确有记载，但此件骆驼象生器与其有无直接关联还真不好说，故暂拟于不论。再将相关的赏析观点陈述如下：此件骆驼象生器，性质上属于三彩范畴，它诞生的年代或在隋末唐初，正处于汉隋唐三彩陶向柴瓷器发生衍变的转型过渡时期。从这一视角赏析，邰兄将其呼作"柴三彩"，可谓独具只眼！

东海大鱼化为龙

　　"龙鱼互变"的传说有不少,如《说苑》里就记载有"昔日白龙下清冷之渊化为鱼",《长安谣》说的却是"东海大鱼化为龙",流传于民间的"鲤鱼跳过龙门"等故事,也都提到了两者互变的关系。在中华陶瓷文化中,柴窑随着历代政权的更替,多次经历了从进御转为民用的跌宕起伏。这种时而遭受逆袭的复杂衍变过程,总会让人为之感慨万千。最初的柴窑器皿它会是什么模样呢?多年来,这个问题一直萦绕于脑际之中。

　　记得若干年前去逛广州市康王中路文物市场,抬脚迈进一家古玩店铺时,迎面看见摆放着一件乳白色薄胎器物,遂请上了一把年纪的店主取出观赏,店主发现余对此物有兴趣,便从柜橱中取出另外一件胎壁厚实些的瓷器,并指出它属于早期的柴窑!猛听得老人竟然如此宣讲,真有如雷贯耳之感,印象非常深刻。鉴于对其店铺内陈设的文物多数都看好,无形中对于老者话语的信任感得到了提升。他那些前所未闻的关乎柴瓷的观点,促使余对于深入解读柴窑瓷器历史文化萌生了浓厚兴趣。大河网于2008年初,刊登了题名为《国内无存世柴瓷的论断太武断》的报导,称有一位年近八旬的老者追踪考察柴瓷长达40年,还在线展示出了他的藏品。报导中所列举的此件实物,与南方游历时所见的厚胎柴器十分接近,将其转帖于此供作鉴赏。看上去,它的外表造型与南博馆藏的东汉错银牛灯相似,没准儿还真是汉代陶器咯,若是将其视作"柴唐式"的先驱,那么诸位客官又会作何理论哩!?

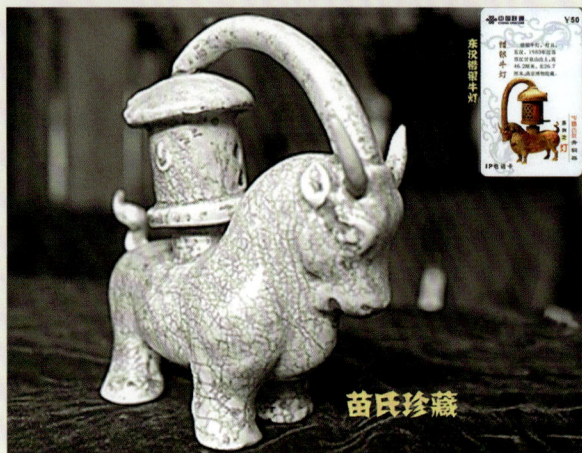

各具千秋受人珍

　　一般而言，对于古陶瓷的赞美，均出自于当事人的个人喜好。最典型的莫过于被冠以"茶圣"称号的唐人陆羽，他曾经做过下述评价："碗，越州上，鼎州次，婺州次，岳州次，寿州、洪州次。"《茶经》成于中唐广德二年（764年），它阐述了茶的起源、品种、产地、焙制工艺、煮茶方法、生产工具和饮茶器皿等，由于它在中华文化中的特殊地位，爱屋及乌，自然也就演变成了人们拿来评判古瓷器皿优劣时经常采信的一个标准。

　　没有涉足柴瓷器鉴藏以前，拾取古人牙慧的事时有发生，通过鉴藏实践以及网络交流，直至欣赏到了争奇斗妍的古瓷珍玩，方才领悟到中华陶瓷文明的博大精深，方为华夏祖先超凡脱俗的精湛技艺所折服。

　　柴窑器物固然有其独特的审美倾向，如让人叹为观止的镂刻、贴塑和复合层结构，色"青如天"的视觉享受，有如"水光披"的装饰效果，"滋润细媚"的唯美追求等等，足以让苦心追寻的古今收藏家痴心难改。但与此同时，为人喜闻乐见的其它古窑陶瓷，其辉煌绚丽之处着实让人难予忘怀，撇开早已声名远播的官、哥、汝、定、钧窑不论，之前越窑"夺得千峰翠色来"、龙泉窑"晶莹滋润，胜似翡翠"、三彩陶"造型活泼、

神态逼真"以及黄道窑造像"光彩照人，霞光珠面"等等，堪称上乘佳作。拟或有邢窑、洪州窑、耀州窑、鼎州窑、相州窑、湘阴窑，上溯到先秦的德清窑……真乃不胜枚举，各具千秋。当要面对个案抉择时，孰优孰劣，真得要看当事人的个人嗜好了，正应了宋·苏轼在诗中之所云："杜陵评书贵瘦硬，此论未公吾不凭；短长肥瘦各有态，玉环飞燕谁敢憎。"

磁瓷通假始于晋

在读古籍时经常遇到通假的现象。对此，尤以王力先生讲得直白："所谓假借或古音通假，说穿了就是古人写别字"。曾经接到友人从千里以外打来的电话，提到一位在博物馆工作经年的人对他讲，柴瓷的"瓷"字，在文革前只能叫"磁"，文革后才管它叫作"瓷"的，凭藉着自以为是的想当然，便将所藏带有秦篆书体"瓷"字的柴周式器物，当成赝作之器予以否定。

余从程村居士光绪三年发表的《柴窑考证》的内页中，看到有核桃般大小的"瓷皇"两字赫然醒目，且均为秦篆书体；再经从于1716年成书的《康熙字典》中核实，也有此秦篆"瓷"字的记载，参见同文书局石印本第749页；追朔得更早一些，（汉）许慎撰《说文解字》中，编号为8432第12卷下，瓦部第26字即此"瓷"字。郭葆昌《瓷器概说》曾经提到：瓷字说文本无，见徐铉新附四百一字中。盖汉世尚无其物，未制其字也。此字如见晋吕忱字林。自陈显野王玉篇以下，字书并因之。用于文字则启自晋潘岳笙赋。六朝以降，诗文用者益多。吕潘皆晋初人，是瓷器晋初已有。既不见于汉代，当在魏晋之世也。

以上事例不难引出一个教训：大可不必一听对方是什么馆员，或是称作家的，就以为其所发表的见解会是绝对正确的，丝毫不怀疑它或有可能出现谬误。尤其是当人们身处于古柴瓷器鉴藏领域进行着前所未有的攻关之际，惟有提倡独立思考认真研学方为正途，总是要想一想或是看一看，对方的意见是否合乎实际，是否真的存有道理，绝对不应盲从，绝对不应提倡奴隶主义咯！

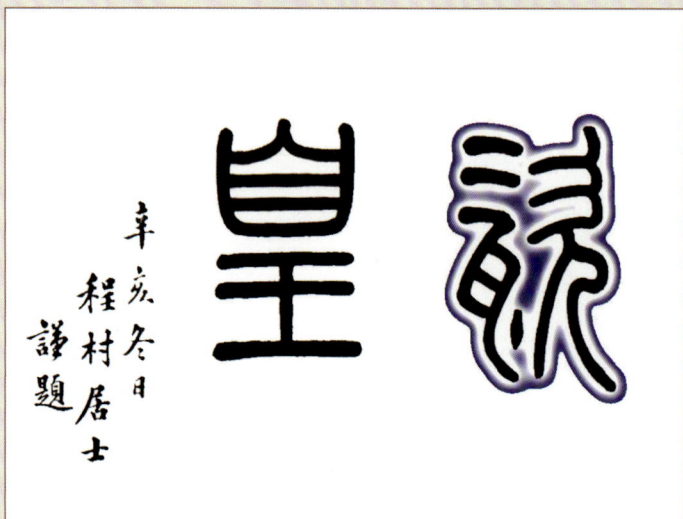

辛亥冬日
程村居士
谨题

绝知此事须恭行

　　本人鉴赏收藏柴窑，从选定目标到渐出成果，用了差不多十年的功夫。随着岁月的流逝，认识亦在逐步地加深。根据可查的考证轨迹：2005年收藏到第一件鼓钉式宋代柴器；2007年7月，俺从国家级鉴定专家手中获得了有史以来第一张宋窑鉴定证书；2008年10月，在参加首届郑州柴窑研讨会所宣读的参会论文中，率先提出了柴窑分期理论以及柴周式标准器概念；2009年10月参加第二届郑州柴窑研讨会上，所提交参会论文题名为《后周柴窑色系构成研判》；2010年10月在严密考证的基础上，公开出版发行了札记式学术专著《南辛赏柴》；2011年协助配合云南滇宝艺术交流中心，完成大型电视纪实片《中国鉴藏家艺术珍品集（第一集）》拍摄；从2012年10月开始，为广泛征询业界意见在线发布《尊前青眼·柴窑考证系列》，明确提出"柴三式"概念；2013年11月，根据所掌握的物证，将柴窑最初诞生年代匡定在大唐武周王朝。

　　亲身参与考证实践使吾深刻体验到，人的大脑皮层对于真理的认知，总是通过反复比对这样的循环往复，而不断地跃迁到新的高度。感性知识积累多了，会自然衍生出一种笃定感来。据本人体悟，这样的笃定感，其实它仍旧处于某种悬置状态，只不过较之以前它会维持在更高的层次上。一方面笃定，另一方面悬置，似乎很对立，其实一点儿也不矛盾。要当一个明白人，必须在秉持笃定的同时，还保留一份悬置的清醒！假若某一天，当反证积累到了相当程度，余是会果断实施自我否定的。毕竟事实总归是事实，不尊崇恐怕不行！

　　或许，秉持"悬置"与"笃定"并举，是当吾们面对芜杂或疑难事物时惟一理性的抉择，是摆正了主、客观之间关系的正确认知，同时也是避免或少犯错误的确切保证。如果习惯于让自己思想走捷径，所表现出来的要么是怀疑一切，要么就是固执已见。这样的简单思维方式，注定了不会在鉴藏上有大作为。事实上，既"悬置"又"笃定"的实现，还必须以"虚怀若谷"去作为整体人格背景，也就是人们常讲的：厚德载物，有容乃大！

期待考古来定盘

　　以上关乎柴瓷鉴赏的观点，通过呈发散性思维、兼具逻辑推理且配有藏品照片的一系列短篇所组成。希冀通过此番努力，给予人们深入研究柴窑瓷器提供基础性素材。时光荏苒，

再有一个甲子流年逝去，如今当事人皆已作古，当有后人翻阅到它时，会象吾们今天捧起先辈的遗赠，与之相交流一个样了。

柴窑呵柴窑，它承载着周世宗郭荣（柴荣）的治世理想，它饱含着历代文人逸士的怀古幽思，同时它还记录下了志士仁人的寻梦轨迹。从上世纪初迄今的百余年间，关于柴窑的专门著述就有：清宣统三年（1911年）程村居士著《柴窑考证》、（2003年）赵自强著《柴窑与湖田窑》、（2007年）对中如云（日）著《至宝·千年之旅——发现绝迹千年的柴窑》、（2010年）苗文兴《柴瓷》以及拙著《南辛赏柴》、（2011年）张松林等《问瓷录·郑州柴窑》、（2012年）李彦君《柴窑与耀州窑：揭开柴窑神秘的面纱》相继问世。上述著述所阐述的鉴赏观点，真可谓各抒己见，相持不下；鹿死谁手，尚无定论。但从特定的角度予以审视，上述考证所彰显的求索精神清净而无染者，称得上是在共同成就一项无漏功德。

网搜撰写过柴瓷文章的，参与者差不多有百十号人吧。单以柴瓷实物在线展示的，仅目力所及处便有：北京重瓷藏馆、珠海龙喜博物馆、洛阳宋瓷博物馆、韦氏古风艺术馆、维扬宝阁、紫珍堂、爱民馆、南通逸品斋、横店余皖生收藏陈列室、永州九嶷山大舜博物馆、新疆杨德斌先生文物馆、台北易善穊博士艺术养生研究室、台中中统古董文物馆、台湾嘉义朴子成化堂等。令人欣慰的是，上面所提到的堂、斋、阁、室、号、馆等，其主人所认定的柴窑瓷作，皆可纳入到"柴三式"中来。依照固有习惯，关乎柴器的鉴藏考古已经面临破局，所等待的不过是由官方考古来最终确认。有人曾经表述了发人深省的不同见解：人类一直都在寻找自身的出处，可始终都无法定论，若要按此思维逻辑，那咱们还能被称作是人么？！

（备注：所附柴器图照未予注明者，由本书作者所摄制）

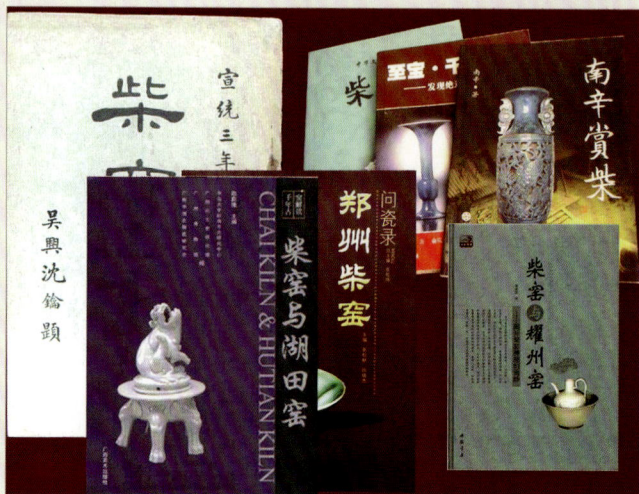

光荣绽放一花魁

　　踩着蛇年尾巴上了开往北京的动车，希冀赶在甲午马年到来之前与出版社签约。刚下车便接到一位古玩店朋友发来的信息，说是从乡下收来了薄胎瓷器，让余去他哪儿看货。只得如实回复：正在外办事，只待回后赴约。返后即去往他店铺里作一观赏。当此件柴唐式大瓶从缠绕着的一圈又一圈的棉纸中脱出身来，亭亭玉立地摆放面前时，余立时被其硕大器型给震慑住了。这款柴唐式祝寿瓶尚属首次见到，如若可将先前所见比喻为似锦繁花，那么眼前这件无疑可称作"花魁"的了。它的出现，刷新了先前将山西永乐宫元代壁画中的寿星称作国内现存最古老寿星形象的纪录。何来这般凑巧，正值赏柴新著付梓之际，此件足以载誉千古、十里无霜的美瓷大珍便赶来洒家这儿报到，如若要晚来一步，怕是赶不上末班车了。余随即同总编室通话联系，并提议将此件唐代柴器代表作图片装帧于新著的封面上去。

　　仿效古人特作四言体以记之：奇哉鉴藏，不可思量；鬼使神差，遭遇瓷皇。沉穆雍容，鼎彝气象；釉质醇素，源自草创。理趣是觅，须恃有养；涩寂之美，语徵扶桑。多层装饰，逐次审详；括约山水，朵云轻飏。缕空雕琢，峭丽异常；主题纹样，居腹中央；南极仙翁，长寿意象；左捧仙桃，右拄龙杖；鹤鹿同春，祈祷吉祥；昭示太平，福祚绵长。圈足一线，显露胎黄；尚食局制，款识端方；当年贡御，以此衡量；往事追忆，盛世大唐；千卅百年，光荣绽放。鉴往知来，盛衰兴亡；爱吾中华，更铸辉煌。（器物全貌参见于本书封面）

附 录 1：〖君阅轩〗柴唐式珍品收藏展示

附 录 2：〖君阅轩藏品〗天福鸟志文物账碑记系列孔雀蓝柴周式

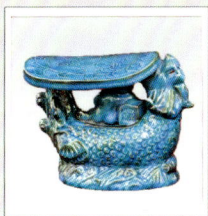

癸 | 巳 | 赏 | 柴

附 录 3：〖雨辰斋藏品〗天福乌志文物账碑记系列孔雀蓝柴周式

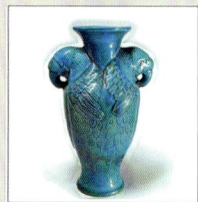

后 记

　　《南辛赏柴》于2010年出版后，伴随而来的遗憾与日俱增。拾遗补缺，日渐成为驱使余从事新一轮著述的原动力。有关"柴三式"的调研与写作，耗去了近三年的光阴，经过重新梳理后的柴瓷鉴藏框架，其学理清晰度得到了进一步提升。当今人们考证与鉴赏柴窑，的确发现有利用仿制品来蒙骗藏家的事实，但根据吾们所掌握的物证得以证明，华夏先民们确曾分阶段烧制过呈系列的柴窑瓷器。吾中华向号瓷之国。其间分外灿烂的柴窑治陶史可谓源远流长，是值得研究探索的鉴藏考古题材之一。截至目前，吾们已知柴窑发轫于初唐武周王朝，伴随着五代十国风云变幻，中兴于柴世宗登基之际，传承至北宋一朝的终结，它在漫漫四百余年的时空中时隐时现，曾经历过三番进御暨两度失意。自上世纪以来，著书立说、精虑探本者可谓前赴后继，有道是：柴窑悬疑古今在，雅士玩友竞相猜；重重雾幔遮不住，者般尊容露将来。

　　本书采用图文杂叙的方式，将重心摆放在系列唐代柴瓷的发现、考证及后周柴瓷补充列举暨识真上，对五代前期以及后周移宋两个过渡时段品种兼有涉猎，对北宋柴瓷的阶段性划分作了尝试性归纳概括，同时还从不同视角，围绕着柴窑鉴藏阐述了本藏主的学术理解。有鉴于被称谓为文博界"哥德巴赫猜想"的柴窑瓷器，能够清晰说明的史料十分匮乏，借助于逻辑推理去寻踪觅迹在所难免，这在无形之中拓宽了人们的鉴赏思维空间。著述中所涉及到的一些臆想成份，眼下只可当作阅读欣赏材料去对待了。受余鉴赏水准所羁绊而难以表述到位的深邃内涵，还是敬请读者欣赏附于书中的图照咯，相信这些华夏先民杰作的倩影，将以无声的表述方式，向世人彰显其制精色异的优秀，讲述那一段尚未被揭秘的古瓷方域。

　　当历史钟声再度敲响之际，农历癸巳年出生的人行将同笔者一道迈入年逾花甲的门槛。余所担负的赏柴使命亦将宣告中止，眼下实有一种如释重负的感觉。网络传播的飞速效应，使得今人较之以往更容易分享彼此的鉴赏心得。本书且以"癸巳赏柴"命名，同前著一样，它集志同道合者的文化自觉于一体，凝聚着同好师友克难攻关的智慧结晶，可被视作柴瓷鉴藏所取得的阶段性成果。在权威考古发布以前，所发表的赏析观点，能否对于当今国人针对柴瓷文化的不懈追寻起到某种参考或是引鉴呢，拭目以待吧。

　　若是论起赏柴的意义，下述立场间接地传达出了作者心声。谢振元先生回复记者提问的《柴窑漫谈》中曾经提及："对于柴窑瓷器（或可暂称做柴窑疑似品），近两年有许多藏家和爱好者，通过各种形式表达希望给予鉴定的要求。'嘤其鸣矣，求其友声'。我们的有关领导部门、有关专家学者，应当成为藏家和广大爱好者的朋友和良师，倾听他们的心声，顺应他们的新期待，去尽应担负的责任，积极奋起，努力破解难题。中国国内的事情，中国人

应当积极主动做好。如果让外国人先做了，又来北京推动我们，我们甚感背有芒刺，脸为汗颜。"另一位网名叫作缠枝莲的黑皮玉鉴藏家，亦曾表述过如下心愿："真正的收藏家……并不指望用自己的收藏来换取荣华富贵。他们是图玩个痛快！玩个心安理得！玩个对得起祖宗！在他们眼中，世界上只有'美'才值得收藏！"

衷心地感谢鉴藏界的同好师友们，由于大伙儿共同努力，近些年来关乎柴瓷的在线交流显得波澜起伏且富有成效，给予柴瓷考证增添了丰厚的营养素。特别鸣谢为本书提供帮助的人们：即由前海南军区副司令员杨永海少将题写书名，前北京市社会科学院方玄初院长（玄鸟堂主人）应邀作序，中华诗词学会副会长李树喜先生指导填词，尤其还有天津君阆轩主人张云龙先生、武汉紫玉金砂店主杨斌先生等友人解囊相助，兼有中国华侨出版社的鼎力支持，使之得以于农历癸巳年末顺利地付梓。

杞菊庐藏主人 谨识